回想の東《あずま》善《ぜん》作《さく》

北國新聞社

回想の東善作　目次

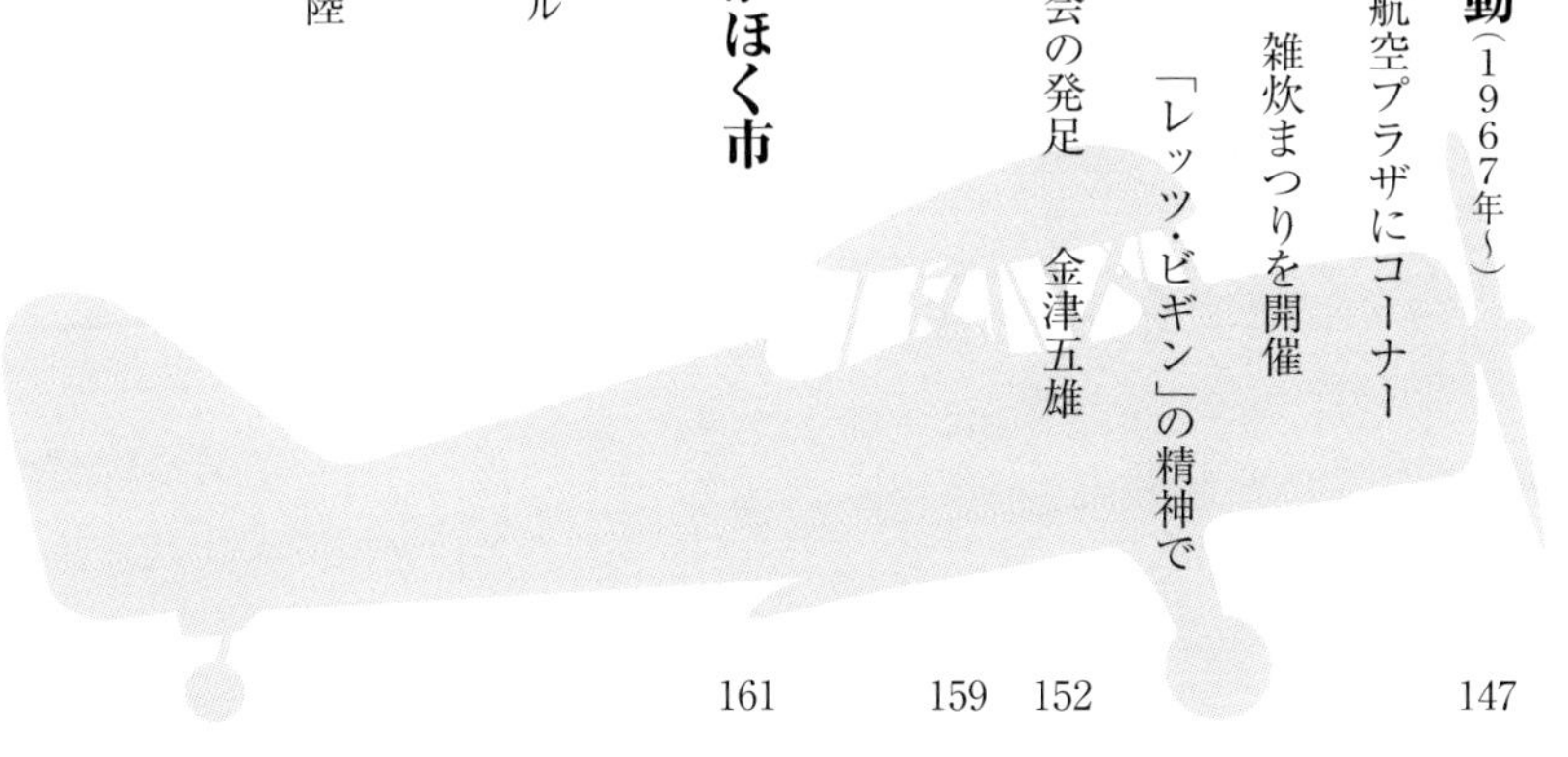

はじめに

本書は1930（昭和5）年にアメリカ、ヨーロッパ、アジアの世界三大陸を、単独で横断飛行を成功させた、かほく市出身の飛行家東善作《あずまぜんさく》の没後50年が経過したのを記念し、善作の偉業や人物像、歩みを紹介するため発刊しました。

善作は1927年、大西洋単独無着陸飛行に初めて成功した米国人の飛行家チャールズ・リンドバーグになぞらえ、「日本のリンドバーグ」と称されました。当時の日本では民間機自体が少なく、ふるさとばかりでなく、日本全国が快挙に沸きました。

善作に実子はなく、善作を知る遺族も数少ないため、作家鈴木明氏が記した『ある日本男児とアメリカ　東善作、明治二十六年生《うま》れの挑戦』をはじめ、善作自身が記した原稿と回想記、当時の北國新聞、北陸毎日新聞の記事などを集めました。善作への理解を深めるために、甥《おい》の髙橋亘一氏ら3氏から寄稿をいただきました。回想と寄稿以外は北國新聞社出版局がまとめた文章です。

米国で飛行士として訓練に打ち込んでいた頃の東善作。写真は1922（大正11）年に撮影されました。（写真提供・甥の髙橋亘一さん）

東京号（トラベルエア4000）

米国製の単発複葉機
全長　7.1メートル、高さ2.77メートル
エンジン　220馬力
巡航速度　177キロ（最高200キロ）
航続距離　850キロ

東善作と東京号

1930(昭和5)年、東善作は複葉機「東京号」でロサンゼルスを出発し、アメリカ大陸、ヨーロッパ大陸、アジア大陸を横断して東京に降り立ちました。写真は出発を前に、東京号の前で妻の寿々と記念撮影したものです。立ち遅れている日本の航空界に刺激を与え、欧米のレベルにまで日本の民間航空事情を高める一石になりたいとの気持ちからでした。(写真提供・甥の高橋亘一さん)

寄稿 1

わが伯父のこと

東善作の甥《おい》
髙橋《たかはし》亘一《せんいち》

髙橋亘一　1929(昭和4)年、東善作の妹フサの次男として金沢市で生まれる。金大卒業後、教員となり、高浜高(現志賀高)、羽咋工高などで英語を教える。東善作研究会顧問。羽咋市一ノ宮町。

◉快挙当時、私は1歳半

伯父である東善作の偉業に関心を持つようになったきっかけは、1981(昭和56)年ごろのことです。それまでは人に聞かれても、全く返事ができず、「善作のことですからねえ」と曖昧《あいまい》な返事でお茶を濁していました。

調べ始めてからしばらくして、作家の鈴木明さんが東京から羽咋を訪ねてきました。鈴木さんは日本で最初にウラン鉱を見つけた伯父のことを知り、戦前は飛行家だったことを突き止め、取材に訪れたのでした。鈴木さんから「すごい人だった」と触発されたことを機に、私なりに本格的に調べるようになったのです。かほく市民を中心に東善作研究会が結成されると、顧問という立場で

善作が生まれたかほく市中沼（2012年撮影）

講演したり、紙飛行機大会に参加したりしてきました。

善作が世界三大陸を飛行機で横断したのは1930（昭和5）年のことでした。当時、私は1歳半の乳呑《ちの》み子で、もう90年が経過しようとしているのです。私が伯父と初めて顔を合わせたのは、小学生の5、6年生の頃だったと思います。

◉「仏」と呼ばれた善作の父

まず、善作の両親について紹介しましょう。父は長松《ちょうまつ》、母は八重といいました。私は東家の外孫なので、善作とは一緒に暮らしていません。私の母ふさや、善作の証言しか頼りになりません。

父の長松は体の大きな割に争いごとを好まない男で、村人から「仏」と呼ばれていたようです。大きな体が災いしたのか、病気になり、長期間、

現在のかほく市中沼の様子

三大陸を横断したわが子善作の帰国を待つ八重（手前中央）
＝1930年8月

床についていました。羽二重《はぶたえ》を作る織物工場を開くため、出身地の中沼（現かほく市）を出て、八重の故郷である一ノ宮（現羽咋市）に移りました。工場には機械が15台ほどあり、比較的豊かな家庭だったようです。

私の母の証言によれば、村人が魚を売りに来て、八重がそれを値引きさせ、台所に置きに行った時のことです。病床の長松が起き上がり、村人に値引き分の代金を渡し、「八重の戻らぬうちに財布に入れよ」とせかした逸話があります。長松はそれほど情深い人だったようです。

◉善作の母は自由奔放

次に善作の母八重についてです。私は生まれてから大阪にいましたが、父が亡くなったため、1931（昭和6）年、3歳の時に母フサに連れられ、一ノ宮村（現羽咋市一ノ宮町）に戻って参りました。八重の家から近いところに住んでおりましたから、よく覚えております。八重は私にとって祖母に当たりますが、近所でよく見掛ける老婦人のように笑顔を作り、孫をあやすようなことはしませんでし

善作が育った羽咋市一ノ宮町（2011年撮影）

た。

私が小学5年の時、歴史の先生から「東八重さんは一ノ宮の寺子屋の第1回生である」と聞かされました。と申しましても、驚くことはありません。と申しますのは、できたばかりの寺子屋は神主の息子か、寺の娘か、地主のせがれが行かなかったら成り立たないはずで、優秀でも何でもないのです。八重は寺の娘でした。ただ、八重が手紙を書く姿を見たことがありますが、巻紙を片手に筆を持ち、片膝でサラサラと書く姿はさすがだと思いました。

善作が暮らした西教寺の跡地＝羽咋市一ノ宮町

私が出会った頃の八重は長松とは死別し、織物工場は閉めていました。末子の長作夫婦と3人で暮らし、家では鶏、蚕《かいこ》を飼い、豚もいました。

一ノ宮海岸から気多大社へ続く道
＝羽咋市一ノ宮町

古物商の免許を持ち、仏壇や御膳の箱がいくつも積み上がっていました。

関東大震災が起きた１９２３（大正12）年の翌年あたりから、アメリカにいた善作から長松、八重に毎月25ドルが送られていました。１ドルは日本円に換算して当時、２円でしたから、50円になります。当時の大卒者の月給は40円から50円の時代ですから、ちょうど飯を食べない大卒者が１人いるようなものでした。八重はこのお金を持って金沢の十間町に走り、米相場に入れ込んでいたようです。私の母が八重を戒めに行くのが仕事になっていました。善作の根性の源《みなもと》は、日本海に沈む赤い夕日ではなく、自由奔放《ほんぽう》な八重の血がよい形で受け継がれたのではないかと思っています。

◉けんか三昧《ざんまい》の少年期

善作は小学４年の時、母の実家である一ノ宮村の西教寺《さいきょうじ》に預けられます。が、静かにお経を読むような子ではありません。寺の下《しも》約60メートルのところに実家があり、２歳年上の兄義長と組んで、けんか三昧《ざんまい》でした。２人を見つけると、近隣の子どもたちは一斉に家に駆け込んだといいます。

けんかを巡るエピソードがあります。善作の幼い頃の冬には、マントがなく、冬場は毛布をかぶって学校に行っていました。善作が旧制羽咋高等小学校（現羽咋小学校、羽咋中学校）に通っていた頃、けんかをして相手の毛布をはぎ取り、羽咋川へ投げ捨てたそうです。こうなると大人のけんかです。

寺へ戻ると、寺に「善作にやられた」との苦情が届くのが日常茶飯事でした。「善作、そこへ座れ」。いろりの傍《かたわ》らに座らされ、善作の伯父の住職から厳しい説教を受けました。それも毎晩だったというから驚きます。善作の証言では「この住職は、興奮すると上半身がタコのようになった」といいます。興奮すると大概は固くなるというのに、何を考えているのでしょう。八重と善作は変わり者だったのでしょうか。

◉土光敏夫さんと「おーい敏さん」の間柄

善作は朝鮮半島での生活と旧制京都中学校（私立）への進学を挟み、岡山の旧制関西《かんぜい》中学校（私立）に進みます。関西中では元経団連会長の土光敏夫《どこうとしお》さんと机を並べました。善作は後年、夏休みを過ごしに羽咋へ来た時、「おーい敏さん」と電話をしておりました。そこには一隅を照らし得た者同志が知る喜びがあったと感じました。土光さんも著書『私の履歴書』で善作のことを「同級生の変わり種」として紹介しています。

関西中時代の同級生、土光敏夫氏
（1981年撮影）

善作はその頃、人力車夫をして学費を稼ぎました。善作は後年、私にこう言いました。「旦那、行きやしょう。この声がなかなか出んでのう」。当時、中学生はエリートでした。彼らは内職をしていても、人目につくことを恥としたようです。善作はたとえアルバイトだとしても、もみ手をしながら客から賃金を取る自分がどうしても許せなかったのです。

善作のことを調べていくにつれ、面白いことに気付きました。それはピンチになると、決まって助っ人が現れることです。岡山では「美枝子」という売れっ子芸者がそれでした。彼女は地元紙から依頼を受け、「芸者日記」というコラムを新聞に書いていました。彼女がある日書いた「車を引く苦学生」が地元経済界のトップだった杉山岩三郎氏の目に留まります。善作は杉山氏に目を掛けられ、杉山氏の家に住み込むよう勧められます。住居だけでなく、学費はもちろんのこと、生活費一切を賄ってもらえることになったのです。

◉金沢で学費稼ぎ

関西中を卒業すると、善作は慶應義塾大学への進学を目指し、金沢へ戻って資金稼ぎを始めます。が、容易に適当な仕事が見つかりません。やむなく、岡山と同じく人力車を引くことになりました。勤め先である人力車夫の親方は西の廓《くるわ》の楼主《ろうしゅ》で、住む場所として部

岡山で人力車夫として学費を稼いでいた頃の善作

和倉温泉の小泉旅館で記念撮影に収まる善作（前列中央の背広姿）＝1931年

屋の一画を与えられます。

それからしばらくして、学生の相撲大会があり、相撲に興味があった善作は「5人抜き」に飛び入り参加します。善作は4人までバタバタと倒したものの、最後の5人目にかかわず掛けを仕掛けたところ、足が抜けずに土俵の下へ落ち、骨を折ってしまいました。やむを得ず、和倉温泉の小泉旅館に投宿し、湯治をしました。この時、またしても困った事態が起こります。次第に懐が寂しくなったため、旅館の人に仕事の手伝いをしながら治療を続けたいと申し出ました。すると早速、座敷に出され、食事をする場所は台所の板の間に変わりました。「あの時ゃ、切なかったなあ」。善作がしみじみ言った言葉が今も脳裏にこびり付いています。

小泉旅館では八重子という経営者一族の女性にいろいろと世話を焼いてもらったおかげで、長居することができたようです。善作が世界三大陸飛行を成功させた際、各地で歓迎会が開かれました。七尾でも有志の方が歓迎会を開催した折、八重子さんも駆け付け、善作は再会を喜び合ったと懐かしそうに話していました。善作が残した手記には「八重子さん」ではなく、「八重子様」と記されていました。彼は彼女を大変尊敬していたようです。

七尾での歓迎会では八重子さんのほかにも懐かしい人と再会することができました。善作が金沢で人力車夫をしていた時、家庭教師をしていた女性です。女性は車夫の親方の娘さんで、その後、七尾で芸妓《げいこ》として働いていました。誰かが連れてきて、善作と何十年ぶりかの再会をしました。善作は驚きとともに、感無量だったと漏らしています。

◉新聞記者への道

善作の足のけがは治りましたが、再び車を引く自信はありませんでした。さて明日からどう暮らそうかと考えていた矢先、北陸新聞社(現北國新聞社)の記者募集の知らせが飛び込んできます。こんなことからしても、善作はラッキーな男だと思います。記者として、アメリカの曲芸飛行家アート・スミスが金沢で行った曲芸飛行を取材します。この取材は、いつの日かアメリカ行きを望んでいた善作が踏ん切りを付けることになりました。1916(大正5)年11月、彼はアメリカへ渡ることになります。時に23歳。ふるさとでの記者生活は半年ほどでした。

善作の話によると、アメリカ行きを考えたのは12、13歳の頃です。羽咋の学校へ通っている時、羽咋大橋近くの土地を買い占め、赤れんがの大きな家を新築して住んでいる男がいました。男は時折、パイプをくわえ、羽咋の町を歩いていました。男はアメリカで成功したことから、羽咋の人々は「アメリカさん」と呼んでいました。善作は村を出て働きに行くなら、他の若者のように北海道の函館や根室ではなく、海を渡って、アメリカさんのように成功したいと思ったそうです。善作は渡米を決めてから、初めて背広を作りましたが、ネクタイの結び方はよく分からなかったようです。記者時代はずっと、はかまで通していたからです。この日から数えて14年後、アート・スミスに代わって善作が渦中の人になろうとは誰も知るよしがありませんでした。

◉和製英語通用せず、右往左往

横浜から船でアメリカに向かった善作に、思いもよらぬ事態が待ち構えていました。アメリカには生活困窮者を入国させない決まりがあり、入国時には有り金を移民局に提示しなければなりませんでした。善作に金の持ち合わせはありません。善作は船内で知り合った人から「見せ金」を借り受け、難関を通り抜けました。もし、この人が「NO」と言ったら、善作は日本へ逆戻りです。その時は「本当に冷や冷やした」と話していました。

入国が認められた後に笑い話があります。ほっとして用を足したくなり、近くにいた米国人に「トイレはどこですか」と素直に尋ねればよかったものを、上品ぶって英語で「お手洗い」と言おうとして「WASHING　HANDS」はどこかと盛んに聞きました。「WASHING　HANDS」は和製英語のたぐいです。当然、米国人は理解できず、善作は右往左往しました。最後はジェスチャーを交え、トイレにたどり着いたようです。善作はこの話をしながら「和製英語は通用しないぞ」と言って笑わせる、ちゃめっ気たっぷりの人でもありました。

◉米軍入隊も「私は大日本帝国臣民」

善作は第1次世界大戦の勃発《ぼっぱつ》で、通っていた飛行学校が閉鎖となったため、米軍に入りました。私が善作に「死ぬとは思わなかったのか」と聞いたところ、彼は「それは他人のすることで、僕のすることじゃない」と答えました。飛行家になるためには、手段を選んではいられなかったという意味でしょう。新兵だったとはいえ、飛行技術の基礎は理解できていた善作は、特異な存在として扱われたようです。米軍に所属していたとはいえ、当の本人は「私は大日本帝国臣民であることを誇りに思っております」と答えていたそうで、日本人としての誇りを持ち続けていました。

◉「さあ日本を救え」

善作は母国で関東大震災が発生したことを受け、米国民に飛行機を使って義援金を募ることを考えます。早速、胴体を赤く塗った飛行機に白で「ＨＥＬＰ・ＪＡＰＡＮ」の文字を入れました。上空から自費で印刷した5万枚のビラをまきました。ビラをまく人を募ったところ、1人の女性が現れます。それが後に妻となる寿々《すず》です。ビラをまくのに、ただ飛んでいったのでは話にならないと考えたのか、善作は人目を引くためにアクロバット飛行を行いました。飛行は7日から10日続いたそうです。

連日、無料の航空ショーを下から見上げている人にとっては、それは楽しいでしょう。遊園地にあるジェットコースターや絶叫マシンで、頂上から真っ逆さまに降下する時の気分を思い出してみてください。1回乗ると「もうたくさん」でしょう。この状態が繰り返し、繰り返し襲ってくるのです。寿々はよく耐えたものだと思いますね。善作は彼女の頑張りに心を打たれたのでしょう。2人は一緒に暮らすようになります。善作の母国を救いたいとの一念が、ロス市民の共感を呼ばないわけがありませ

「HELP.JAPAN」と塗装した愛機で日本への義援金を呼び掛ける善作（上）と寿々

ん。義援金は800ドルに達しました。

◉繁盛したチャプスイ店

寿々はロスから5キロほど離れたパサデナという街で、米国人向けの中華料理店を経営していました。2人が暮らすようになってから店名が変わります。「レ

ロサンゼルス上空でまいたビラ

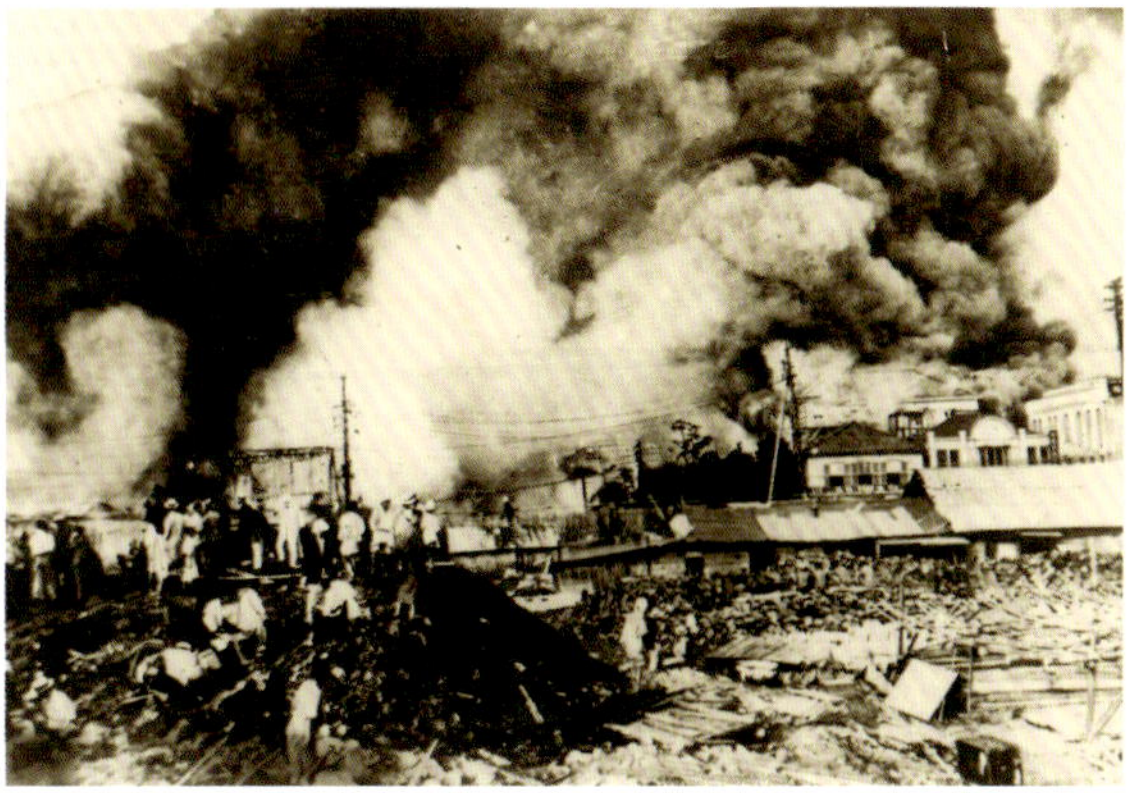
甚大な被害が出た関東大震災

三大陸横断を成し遂げ、手を挙げる善作＝1930年8月

ッドウイング」です。義援金を呼び掛けた飛行機が赤いからでした。「人間万事塞翁《さいおう》が馬」と申します。ビラまきが格好のコマーシャルになりました。「飛行家の店」となり、連日、押すな押すなの大盛況。店は間口2間ぐらい、奥行きはウナギの寝床《ねどこ》のように細長い店です。並べた椅子は100脚。これが常に満席で、1日の売り上げが350ドル、日本円では700円になる日が続いたといいます。ちなみに田舎の家が千円で建った時代ですから、単純計算すると、少なくとも1週間に2軒は家が建つ勢いではなかったろうかと思います。

私は高松町（現かほく市）の人から「チャプスイ」とは何かと尋ねられ、「雑炊《ぞうすい》屋」だと答えました。善作が日本へ飛んだ資金源はチャプスイ店の売り上げです。ただ、おかゆのような簡単な食べ物を出すような店で日本へ飛ぶ全費用を生み出したわけではありません。店では銀製のスプーン、フォーク、ナイフが使われていました。その時代、普通、銀製品を扱うのは高級レストラン。善作のチャプスイ店は高級とは言えないまでも、それなりの店であったと考えられます。

◉三大陸飛行は父母を慕う心

チャプスイ店には、大分出身の後藤正志という飛行家が顔を出すようになりました。後藤さんは世界三大陸をつなぐ飛行に挑戦しますが、ロッキー山脈で消息を絶ってしまいます。善作は「今度は俺の番だ。必ずお前の無念を晴らしてやる。その日が来るまで成仏せずに待っておれ」と誓ったようです。それから自力で空の旅をする準備に入りますが、容易なことではありませんでした。

資金集めに苦労する中、現地の新聞社が募金に協力し、金を届けてくれました。善作は「自分が好き勝手に飛ぶのだから、他の人が汗水を流して蓄えたお金をいただくわけにはいかない」と辞退します。善作の信念として「男一匹、誰にも頼らず、どこまでやれるものか、その限界を確かめたい」との思いが根底にあったからです。そんな心意気が彼を支えたと思います。もし、心意気がなかったら彼はとっくに挫折していたかもしれません。

なぜそこまでして、彼を大飛行に駆り立てた動機は何だったのでしょうか。第一に日本の航空界に刺激を与えたいということでありましょうし、後藤さんの「弔《とむら》い合戦」だったのでしょう。しかし、何と申しましても14年間、抑えに抑えてきた父母を慕う心があり、夢にまで見た日本の山野がそこにあったからにほかなりません。

◉「自分のために飛行」で激怒

三大陸を飛んだ目的を巡り、私は善作を怒らせてしまった嫌な思い出があります。彼が死去する7、8年前の1960(昭和35)年頃に話を先送りします。ウラン探しを終えた彼は、一番好きだった一ノ宮で疲れを癒やしたかったのでしょうか。夏にはわが家で過ごすことが増えました。昼は好きな海に入り、夜は必ず三大陸を飛んできた思い出を私に語るのです。今、あの熱心さを思い起こせば、彼は私に自分の一代記を伝承してもらいたい思いがあったのかなと考えます。

話は毎晩続きます。だんだん聞き慣れてくると、「またか」といった調子で、私の聞く態度も不真面目になりました。彼の話を自慢ばかりだと受け止めてしまうようになると「何とかこの流れを止めねばならん」と思うようになっていきました。そんな気持ちが言わせたのです。「伯父さん、先ほどから飛んだのは日本のためや、日本のためやと言うけれど、本当は自分のためでなかったんかね」と。ひどい言葉ですよ。善作はさっと顔色を変えましたね。

「母国を離れ、外国で暮らす者にとって、いかに国を思う気持ちが強いものか。今、どれだけ説明してもお前には分かるまい」と。決して怒ったことのない男が、その時だけは激しい怒りようで、1週間ほど口を利いてくれませんでした。

人は皆、愛の心を持っています。その心は水面に落ちた一滴の波紋のように、身近なところから外へ外へと広がっていきます。ふと旅先で出会った人が同じ故郷の人だと聞くと、一杯飲ませてやりたくなり、小遣いをやりたくなってくる。故郷を離れると父母が恋しくなり、国を離れると国の山河をしのぶのです。

善作のアルバムに次の一文があります。「万里の異境にあるといえども、一日とて故国を忘れたる日なし。陛下の赤子はどこにいても変わることなく、安堵《あんど》に暮らせるのは大日本帝国の後ろ盾《だて》があるためなり」。

彼だけではありません。外国にいる同胞は皆、同じ心を持っていただろうと思います。私は今さら彼に言われるまでもなく、十分知っておりながら、とうとう彼を怒らせてしまいました。今になって後悔しています。

◉全国民と「同行」の気持ち

善作は出発の準備を着々と進めます。死を覚悟した善作には、遺影として親兄弟に配った写真があります。帽子のてっぺんには墨で「同行八阡《せん》万人」とありました。日本全国民とともに飛ぶつもりだったのです。眼鏡のベルトには「同行二人《どうぎょうににん》」。相手は弘法大師でなく、後藤正志さんですね。

ロサンゼルスで行われた三大陸飛行への出発セレモニーでは、翼が赤く塗られた飛行機は「東京号」と名付けられました。アメリカに住む日本人の俳優も、紋付きはかまを着て駆け付けました。善作とこんな会話をしたそうです。「君はどこへ行くのか?」。「日本へ行くのさ」。「何のために?」。「14年間会わなかった両親に会いに行くんだよ」。これは緊張をほぐすセレモニーだと思いますね。日本で

善作の出発前に集まった大観衆＝1930年6月、ロサンゼルス

もバラの花を付けた人が並ぶことはやめて、こういきたいものですねえ。ユーモアのない日本人には到底望めそうにもありません。

ニューヨークに東京号で到着した写真を見ると、飛行機の小ささが際だって分かります。よくぞこんな小さな飛行機で飛べたものだと思います。ちなみに、東京号の翼長は10・56メートルでした。後藤さんの飛行機はさらに小さかったといいます。東京号はニューヨークで解体して船に積み込み、ロンドンに渡ります。ここで「なぜ大西洋を飛ばなかったのか」とよく聞かれます。答えは「東京号にその能力がなかった」ということです。

善作が乗っていた飛行機「トラベルエア４０００」は2時間ぐらいしか飛べない中古で、これにいくつものタンクを取り付け、どうにか10時間は飛べるようにした改造機だったのです。この年の3年前、アメリカのリンドバーグが大西洋を一気に飛び切りました。彼の飛行機はアメリカが面目をかけて造った最新鋭機だったからです。自動車に例えるなら、彼の飛行機は高級な名車であり、善作の飛行機は中古の軽自動車といったところでしょうか。

大西洋には、いくつかの島があります。その島伝いに飛ぼうと思えばできたのでしょうが、島に必ず飛行場があるとは限りません。彼は冒険を避けたのです。善作について書く人は「彼はリンドバーグに触発された冒険家」といいたがるのですが、私は違うと思いますね。理由は、リンドバーグは冒険心で、記録に挑戦したのです。一方、善作はひたすら冒険を避け、無事に日本へたどりつくのが目的だったということです。根本的に違いますね。

当時の新聞記事によると、全行程は2万2千キロとあります。しかし、実際に飛んだ距離は1万6千キロ、または1万8千キロとまちまちです。実際、飛ばなかった大西洋を差し引いたからです。6千キロ、4千キロがそれに当たります。どちらが正しいかは、定かではありません。

リンドバーグは大西洋を一気に飛びました。徹夜は考えられません。おそらく1日の仕業だったのでしょう。東京号は10時間飛べる能力があるとすれば、リンドバーグと大差はないですが、問題は余裕です。息切れする状態であれば、飛ばない方が正解です。

さて、東京号の旅はどのようだったのでしょうか。善作の手記があります。題して「東京号による帰国飛行の思い出」。本書に収録されていますので、そちらに譲ります。

◉30年前を思い出して嗚咽《おえつ》

善作が東京に着き、飛行機のプロペラを止めると、待ち構えていた群衆が「ワーッ」と歓声を上げ、飛行機にやってきました。その中に母の姿を見つけた時、どんな思いがしたのでしょうか。

善作の涙といえば、こんなことがありました。話は前にも述べましたが、彼が死去する7、8年前の夏の日、私の家に来た情景に戻ります。その日も海からの帰り、夕食を済ませてくつろごうとすると、また彼の飛行機の話が始まったのです。私は例のごとく「またか」といった感じで、テレビに向かっていました。日本本土に到達した話になると、彼は急に黙ってしまったのです。

「ウン…」。私は振り返って彼を見ました。すると、どうしたことでしょう。彼は目にいっぱいの涙をためておりまして、今にも「ウォ！」と歯の間から漏れそうになる嗚咽《おえつ》を精いっぱいにかみ殺しているのです。しばらく間がありました。やがて「雲の間から岡山を見た時は、眼鏡が曇ってのお」。それは絞り出すような一言でした。

「翼よ、あれがパリの灯《ひ》だ」。これは映画で見たリンドバーグの有名な言葉です。善作もまた、愛機に「翼よ、あれが俺が人力車を引き、苦難を分けた岡山の灯だよ」と何度も呼び掛けたのでしょうか。私は「ガーン」と1発、頭を殴られたような思いで座り直し、彼に相対しました。感動の瞬間から30年もたっているのに、彼の涙は昨日のことのように新しいものでした。眼鏡の曇りに我慢しきれなくなった彼は予定を変更し、大阪へ着陸する前に岡山に降り立ったのです。

◉「浪花節語り」の母に拍手

東京に到着し、小泉又次郎逓信大臣（小泉純一郎元首相の祖父）らとの会食を終えると、善作の演説会が開かれました。司会者がおべんちゃらで「お母さんから一言」と水を向けました。すると、八重は善作が止めるのを聞かず、ステージに上り、腰から扇子を抜いて「バチッ」と演題をたたいて堂々と語り始めたというのです。これが、とてもウケて、善作よりも拍手が多かったというのです。後で善作が扇子のいわれを尋ねると、八重は「浪花節語《なにはぶしがた》りのまねをしただけや」とけろりと答えたといいます。

9月に入り、善作はいよいよ石川県へ飛行機で里帰りしました。金沢の野村練兵場が沸き返る中、渡米以来の14年の歳月をしのび、彼は感無量であったろうと思います。村の古老はこんなふうに言ってくれました。「浜にアズマの人文字を作り、日章旗を振って歓迎した。不運にも天候が悪く、着陸することはできなかったが、我々の『万歳』に幾度も機体を振って応えてくれた」と。

◉独力遂行へ手出しさせず

2万2千キロから1万6千キロを引いた6千キロが大西洋の距離であることは前述しました。要した72日のうち、1カ月半ほどは飛んでおりません。その間に、各国の通過と着陸許可の申請をしていたのです。ロンドンでは14日も滞在しております。これでは費用の目減りが心配されます。許可申請は誠に厄介でした。ポーランドからOKが出ていざ飛ぼうとすると、ロシアから「ポーランドから来るのなら撃ち落とす」と威嚇《いかく》され、フランスでは「少しでも国にかかると撃ち落とす」と脅《おど》されました。1987（昭和62）年に大韓航空機爆破事件が起きましたが、まさに一歩間違うと国際問題になりかねません。ことは慎重を要しました。彼自身も飛行機で異国の上空をよぎるのがこんなにも面倒だったとは想像もしていなかったでしょう。

何も1人で苦労をしなくても、当時は飛行家の飛行旅行を支援していた新聞社に任せれば、72日もかからなかったものを。ばか正直というか、いちがいだったのですね。彼はあくまでも「独力遂行」を目標に、アマチュアリズムの完徹に筋を通したかったから、誰にも手出しをさせませんでした。

◉同郷の林銑十郎を頼る

それでは話を善作の伝記の後半に移します。母国訪問旅行から4年後、1934（昭和9）年、善作は単身、米国から戻ってきます。まず手掛けたのは、できて間もない羽田空港に飛行学校をつくることでありました。

善作が飛行学校設立に向けて頼りにした林銑十郎

ところで、こんな事業ができるのは政府、軍部、そして財閥を動かす顔のある人です。彼は三大陸から飛んできた時に顔見知りになった石川県人の林銑十郎《せんじゅうろう》陸軍大将にすがります。林大将は内閣総理大臣になられた人ですが、たった4カ月で内閣を解散しました。善作は林の後押しを受け、衆議院に立候補することになります。時に45歳。林から千円もの資金をもらったと話しております。

地盤もかばんも看板もなく、駆け引きのすべも知らない東京からの落下傘候補の善作が当選するわけがありません。惨敗でした。他人に金を渡して事を進めるのは、善作の最も嫌うことでした。これは彼の持論でした。

彼の遺品の中から、数枚の林大将が記した紹介状が出てきました。善作は使わなかったのです。紹介状を出して、他人の力を借りて事をなすのは、自分に課した禁じ手だったからです。紹介状は何の役にも立たなかったのです。

善作を本にまとめてくださった作家の鈴木明さんの意見はこうです。「林大将に賭けたということは、最初から敗北を宣言したに等しかった。もし東京で出馬していたら当選したかもしれない」。この言葉が胸に刺さりました。なぜ彼は東京から出なかったんでしょう。それは石川県に母親がいたからです。彼はふるさとに殉じたのであります。

◉長野県で疎開生活

選挙騒動が静まると、彼は飛行機の部品を扱う会社を興し、飛騨高山で木製飛行機作りなどに手を貸しておりました。戦争で東京が空襲にさらされるようになった頃、自分が所有する信州の山に疎開していました。長野県小県《ちいさがた》郡傍陽《そえひ》村（現上田市真田町傍陽）が疎開先です。上田駅で下車し、傍陽行きの電車で1時間、終点から、つま先上がりの山道を登ることさらに1時間、山頂の近くに家がありました。トイレは住居から離れた小屋にあり、がけからはみ出して建っていました。

信州のリンゴの味は格別です。善作は疎開中に味を知り、大勢の知人に届けるのを毎年恒例にしていました。ある年、私の元にも1箱届きました。送り状には「この1年、お世話になった方々へこのように贈ることにしている。お前には世話にならないが、贈ることにする」

現在は段ボール箱に入れられていますが、彼から届いた頃は木箱で、リンゴはもみ殻に埋まっていました。食べ物が不自由な時代なので、私の母は訪ねてくる人に与え、満足感と裕福感に浸っていました。今、物置に木箱が積み上がっています。リンゴが毎年、届けられた証《あかし》です。

私は善作のジョークが解《げ》せませんでした。「誰よりも僕に一番贈りたいくせに。格好を付けて」。そんな安易さが人間の常識を狂わせてしまっていました。受け取ったとの知らせもしなかったのです。

1カ月もたったころ、善作から手紙が届きました。その内容は次の通りでした。「人に物をもらって、礼状を書かぬやつは、本を借りても容易に返そうとしないやつだ」。頭を1発、でかい鈍器《どんき》で殴られたような衝撃を受けました。がたがたとその場にへたり込むほどでした。私は今なお、あの日の衝撃は忘れられません。

◉元米兵の立場で日米友好

長い戦争が終わると、善作は東京へ戻ります。街は進駐軍であふれ、住む家はなく、食糧難にあえいでいました。食べ物などはアメリカ政府の援助であり、善作は「(援助の)流れをスムーズにするには、もっとアメリカ政府の心証をよくする必要がある。これは俺の仕事だった」と話していました。

進駐軍関係者が鉄道を利用する時に使ったクーポン

手始めに金沢、小松の両別院で日米戦没兵士の大合同慰霊祭を営みました。次に自分がアメリカの退役軍人であることを利用し、アメリカ兵に土産物を世話する御用商人を買って出ます。扱ったのは絹織物、焼き物、それに美術品。しかし、良いものは決して売らない主義は一貫していました。

終戦当初、東京を走る省線（現ＪＲ線）には、決まって1両の「進駐軍専用車」が付いていました。例えば5両編成だとしますと、最後尾が「外国人専用」となるのです。彼が連合国軍総司令部（ＧＨＱ）に出掛ける時は、退役軍人帽をかぶり、この車両に乗り込みました。

私も幾度か、かばん持ちをして、この電車に乗りました。車両はちり一つなく、床は油で黒光りし、乗客はいつも5、6人でガラガラです。それに比べて、日本人車両はぎゅうぎゅう詰め。私は申し訳ない気持ちでいっぱいでした。専用車両に乗り込んでくる外国人兵、特にアメリカ兵は決まって善作を振り返って見るのです。それは遙か日本に来て、自国の退役軍人に出会おうとは夢にも思っていなかったからでしょう。「アメリカ政府から恩給をもらう日本人は、僕1人だそうだよ」。善作の言葉でした。

こんな話もあります。善作はある時、GHQへ出掛けました。商談が終わり、くつろいでいた時です。部屋にいた大佐が言いました。「ところで東、今度の戦争はどちらが勝つと思ったかね」。意地の悪い質問ですね。すると善作は「それは日本だ。日本が勝つと思ったよ」。この返事に大佐は「君は14年間もアメリカにいて、いったい何を見てきたんだ」とあきれたというのです。善作は「僕が渡米した大正5年、蛇口をひねると、お湯が出たんだ。だからといってアメリカが勝つことにはならんだろう。俺は日本人だぜ」

日本はアメリカの占領下にあるのです。それに善作は今、GHQに出入りしている一介の商人なんです。おべんちゃらでもいい、ヨイショの一言があっても不思議でなかったものを、彼はそれをしませんでした。

白洲次郎という方がいます。吉田茂首相の懐刀《ふところがたな》として、敗戦直後の日本国民を鼓舞し続けた人物ですが、彼がアメリカ首脳に言った言葉が残っております。「日本は戦争に負けたのであって、奴隷《どれい》になったのではない」。この方と同じ心を持った男が、身内にいたことを私は愉快に思うのです。

日本が勝つと言った善作も、アメリカでの14年間を決して無駄にはしておりませんでした。アメリカの良いところは良いとして、しっかり自分のものにしておりましたね。例えば食後のゲップ。これは絶対に許しません。私たちは人に物を勧める時、「あまりおいしくないかもしれませんが」と断りますが、善作はそうではありません。「これはおいしいから食べなさい」と。他人の陰口は言わないし、人の喜びは自分の喜びにしていました。堀江謙一さんがヨットで太平洋横断した時も、私の家での夏休みをさっさと切り上げ、お祝いを言うため彼の元へ走っていきました。

人形峠でウラン鉱を見つけた善作（左から2人目）

◉日本初のウラン鉱発見

話が横道にそれました。話をウラン鉱を見つけた人形峠のことに移ります。三大陸を飛んできた時、36歳だった善作も、気がつけば60歳を数えておりました。このまま過ごせば平穏無事で人生を送れたものを、たった1冊の月刊雑誌がこの老人を揺り起こします。

1953（昭和28）年の春でした。上京した私に「亘一、これを読んでみてくれ」と手渡されたのがアメリカの雑誌「リーダーズ・ダイジェスト」でした。タイトルは「ウランは人である」とあり、要約すると次のようになっていました。「現在、アメリカでジョー・ブロッサーという男がいて、ついにウランを探し当てた。彼は『ウランは近い将来、現在の石油、石炭に代わる時代がきっと来る。その事実を僕は確かめたい』と言い、今も赤い翼の飛行機で国中を飛び回っている」とあります。

善作はもう燃えておりました。それは次の理由が挙げられます。ジョー・ブロッサーは彼の軍隊時代の戦友であり、今も交流があるというのです。赤い翼は誰のものでもありません。自分のトレードマークです。鉱山も持っており、関心がある最中でした。これをつなぎ合わせた時、彼の開拓精神に火が付いたのです。

ガイガーカウンターでウラン鉱石か調べる善作

ところで「ウラン」とは何でしょうか。私は中学の化学の授業でキューリ夫人の名前を知りました。これぐらいの知識です。当時の新聞には「原爆」はあっても「原子力」はありません。そんな時代に「ウランを探す」と言い出したのです。「雲をもつかむ」とはこのことでしょう。親類一同、彼は正気でないと言いました。しかし、善作は「俺の半生は空に賭けた。残りの半生は山に賭けたい」と。

「山へ行く」と申しましても、タケノコを探しに行くようなわけにはいきません。ガイガーカウンターという探査機が必要です。彼はいつの間にか、機械を4台、アメリカから買い求めておりましたね。それから大学教授を訪ね、猛勉強です。準備が一応、整いました。いざ出発という矢先、あの第五福竜丸事件が起きるのです。彼は予定を変更し、ガイガーカウンターを担いで、東京・築地の魚河《うおが》岸《し》へ日参しました。

当時、日本にはガイガーカウンターはありません。所有していたのは善作だけでしたから、彼の面目躍如といったところでしょう。しかし、この機械がかなり高価であったにせよ、日本政府が買えないわけがない。なのに国は所有していなかった。それはなぜか。求めても使う場所がなかったというのが本当でしょう。

魚河岸騒動が一段落しますと、1人の助手を連れて山へ向かいます。日本全土が対象ですが、取りあえず大学で得た知識で、場所を絞ったものの、それこそ苦難の探索でした。山に入って2年目、1955(昭和30)年のことです。ついに人形峠にたどり着くのです。執念だと思いますね。実際はどうだったのでしょうか。政府側の機関である地質調査所だった所長の様子を伝えた雑誌の記事によると、善作は高度なウランを含んだ鉱石を携え、事務所を訪ねてきたそうです。職員はびっくりして、見つけた場所を尋ねたところ、彼は頑として口を割らなかったそうです。手の内を明かせば、彼の努力が無駄になるからであり、それは当然だったと受け止めたようです。

その後、善作から届いた鉱石入りの小包の消印から、発送先が鳥取県関金町(現倉吉市関金)であることが分かりました。職員が山を探索したところ、人形峠でカウンターに反応があり、大発見だと興奮しました。他者に押さえられる前に、採掘権を得るための手続きをしようとしたところ、善作が1日前に出願していたそうです。

◉地下足袋姿で除幕式へ

人形峠には後にウラン発見の記念碑が建てられ、除幕式が行われました。ずらりと並ぶ人たちは皆、モーニング姿でした。写真を見せてもらった際、その中央に初代科学技術庁長官だった正力松太郎がおり、善作は首に手ぬぐいを巻き、地下足袋姿でした。「何もこんな日に地下足袋をはかんでも良かったのでは」。私の言葉に善作はにっこりするだけでした。「ネクタイを締めていては、ウランは見つけられないんだよ」という彼の思いからだったのです。居並ぶ人の幾人が、彼の意味するところを理解したでしょうか。

人形峠には蛾《が》が飛び、獣道《けものみち》のような泥道しかありませんでした。やがて旅館が建ち、町のスピーカーから「ウラン音頭」が流れたといいます。ただ、ある年を境に灯が消えました。理由は日本政府が当地でのウランに見切りを付けた1971(昭和46)年以降のことであろうかと思います。

ウラン探しが一段落すると、彼は決まってひと夏、私の家で過ごすようになりました。一番好きだった羽咋の一ノ宮の海に入り、熱く焼けた白砂に寝そべる毎日は至福のひとときであったと思います。そのころの学校は今と違い、たっぷり1カ月の休暇が与えられていましたから、私は善作とべったり付き合えたのも幸せでした。

何しろ1カ月近くいるものですから、ついつい甘えるようになったのも仕方のないことだったかもしれません。こんなことがありました。「亘一、僕が死んだら骨は一ノ宮の空にまいておくれ」。私は「何でかね」と言うと、善作は「狭い墓の中でコオロギの巣になっているのは嫌だからのお」と。私が「空にまくと言っても、銭がいるがいね」と聞くと、善作は「お前は用事から帰ったヘリコプターをチャーターするぐらいのお金はないのか」と答えました。「ないない。そんなもんどこにあるこっちゃ」。私は愛想が尽きる返事をしました。彼は子どもがいないばかりに、私に甘えたのです。なぜあの時「分かったよ」と背中をなでてやれなかったのか、悔やまれてなりません。

新聞に「ウランじいさん」と紹介されている記事を見て、「もうじいさんかい。冗談じゃないぜ」と善作は力んで見せました。善作はさらに次のような仕事を考えておりました。①自転車の変速機開発②ヘリコプターでの捕鯨③七尾湾で真珠の養殖④砂鉄の利活用⑤宝達山での金探しと開発―です。こう並べてみますと、法螺《ほら》話のように聞こえますが、こう言えたのもウランで「近く億万長者になる」との後ろ盾があったからでしょう。私の家に砂鉄を掘る機械の頭部が送られてきました。ところが待てどくらせど、彼は梱包《こんぽう》を解きには現れませんでした。

◉妻の遺骨は空へ

楽しい日には限りがありました。オリンピックが東京で開催された1964（昭和39）年、妻の寿々《すず》ががんで亡くなったのです。寿々の遺骨は東京の空にまかれました。「お前は死んでも墓へはやらぬ。

寿々の遺骨を携えてヘリに乗る善作

焼いて粉々にして、食べたいくらい」。彼は寿々の死を悲しみました。彼女は占いが好きでした。ある朝の食事時間になると、こんなことを言ったんです。「私が死んで3年たったら、お前さんも死ぬそうよ」

善作は自分の手をかざして「ばか言っちゃいけないよ。僕の手を見ろよ。東さん、あなたは空手何段ですかと尋ねられて困っているんだ」と笑い飛ばしておりました。よく世間は「言い当てる」といいますね。寿々が投げ掛けた一言は、魔性を含んでいたのです。善作はわなにコロッと掛かり、嫌々ながら死んでいきました。1967（昭和42）年10月11日、満74歳。がんでした。

◉体調崩し東京で入院

事の起こりは1966（昭和41）年の夏の終わりでした。海を楽しんでいた善作がある朝、突然、立てなくなったのです。2、3日寝込んでいましたが、一向に好転しません。それで東京で受診することになり、つえを付き、やっとのことで汽車に乗せましたが、なぜあの時、彼に付き添ってやらなかったのか残念でなりません。明日から始まる学校か、いや病床の母を抱えていたことか。それなら、とんぼ返りもできたはずです。私は底なしの薄情者だったと悔やまれます。

その年も過ぎ、また夏がやってきました。その頃、姉から知らせが来ました。「善作の調子が思わしくない」と言うのです。私は即、東京へ急ぎました。入院先は秋葉原の三井厚生病院の個室でした。ちょうど工事中で、バタバタしていました。彼の個室には円いテーブルがあり、個室の体裁はしていましたが、さほど立派だとは思いませんでした。それでも1日4千～5千円はしたのだろうと思います。

彼が一ノ宮へ来る時は、いつも2等車（現グリーン車）であったし、金沢・十間町の一級旅館を定宿にしていました。母がいた頃、善作が来たわが家の食卓はごちそうがテーブルを埋めていましたから、子どもの頃、わが家は貧乏だと思うことはありませんでした。だから個室にいることは当然の姿として受け止め、何の疑念も持ちませんでした。

◉ウラン売却が後ろ盾

彼に1週間ほど付き添いました。その間、2、3通の借金の依頼状を代筆しました。私は善作がウラン探しで全財産を使い果たし、文無しであることを知りました。しかし、書かされた文には全く悲壮感はなく、通り一遍の文面であったことは「鉱石が売れれば金が入る」との後ろ盾があったからだと思います。金額は「後で入れる」と明かしてくれませんでした。

こんな状態を支えたのは姉の亭主でした。義兄はアメリカ生まれの日本人です。彼は身についた英語を生かし、英字新聞社から原稿をもらい、それを和訳して全国紙に売り込み、入院費を捻出していました。彼の努力がなかったら、善作は6人部屋の片隅で死を待たねばならなかったのかもしれない。善作らしい最期を迎えられたことを感謝するのです。

◉がん告知で迷う

善作は私に言いました。「亘一、僕ががんかどうか尋ねておくれ。もし、がんだったら、すべてを諦める」。私は主治医に会いました。「どうか、うそであってくれ」と祈りました。しかし、医師の言葉は無情でした。廊下に出て病室へ戻る短い時間に、頭の中を整理しました。医師の言葉をそのまま伝えても、伯父のことです。決して取り乱すようなことはしないでしょう。しかし、入院してからも私に届く手紙には、退院したら次にやる仕事の構想ばかりです。そんな意欲をなくすようなことは到底できませんでした。

私が「何ががんかいね。安心しまっし」と告げると、善作は「そうか、良かった。また頑張らなくっちゃ」と話し、彼は静かに目をつぶりました。私は彼の横顔を見ました。私はよく甘え、よくかわいがってもらった。それがもう終わるんだと思った時、こみ上げてくるものを抑えることができませんでした。私は今も、あのうそが良かったのか、悪かったのか、判断を迷っています。うそを言わないで、彼なりの最後のまとめをさせてやるのが本当だったかもしれません。

病院を引き揚げた際、身の回りの荷物の中に1通の手紙が残っていました。「10月16日、テストが済んだら見舞いに行くから」。私の手紙です。その封筒に善作が赤のサインペンで書いた一文がありました。「亘一、16日頃来るか?」。彼の命日は11日。あと5日で私と会える。しかし、迫り来る死期の定めは実に薄情でした。

私は彼の遺骨を一ノ宮の海にまきました。私の母も善作の死から40日後に亡くなりました。きっと善作が連れて行ったんだと思っています。

◉ウランで蓄えが底付く

善作が死去した後、気になることは、人形峠のその後です。彼は地主と提携し、資本金1億円のウラン鉱業株式会社を設立しました。政府が鉱石を採掘すれば、自動的に金が入ってくる仕組みを整えましたが、なかなか政府の方針がまとまりません。まとまらないから採掘しない。よって金が入らないから、鉱区税が払えないというピンチにあったのです。彼の蓄えはとっくに底をついておりました。

こんな状態にさらされていることを身内の誰も知りませんでした。いの一番に知っていいはずの私も知らないことでした。「女、子どもに聞かせることではない」。明治生まれの人間特有の頑固さでしょう。自分の劣勢をさらし、帰ってくるものは何か。ほんの少しの同情か、またあざけりかもしれません。事態は少しも変わらないのです。こんな無駄をなぜする必要があるのでしょうか。これが彼の考えだったのかもしれません。彼はひたすら息を止めて、政府の方針が一日も早くまとまることを祈ったろうと思います。

そういえば、こんなことがありました。夜8時を回った頃だったと思います。人形峠からの帰りだといって、突然、彼が羽咋にやってきました。「今、とんでもないことをしでかそうになってのお。金沢へ着いてトイレに行った時、小便器に向かったつもりが、洗面台に向かって用を足そうとしてんだよ。もし、それをしていたら、誰かにはり倒されても文句が言えないところだったよ」と。お金の算段で頭がいっぱいで、判断力を失っていたのかもしれません。

ウラン発見の当初、彼が資金集めに奔走していたことは知っていました。「金のあるものは金を、金のないものは労力を提供せよ」。これが彼のモットーでした。後に総理大臣となる中曽根康弘氏、作家の山岡荘八氏、経団連会長の土光敏夫氏に提案したのですが、手を差し伸べてはくれませんでした。当然のことです。彼は飛行家であって、科学者ではありません。ウランとは何かということも国民には浸透していませんでした。何事も先駆けて進む善作の、独りぼっちの悲哀があったのです。

◉収益はごくわずか

善作が死去して4年後、1971（昭和46）年のことです。やっと政府の方針がまとまりましたが、事態は思わぬ方向へ展開しました。それは次の通りです。「日本の（ウラン）鉱石は質が悪い。その上、資源も乏しい。よって外国産を輸入する」。意外でした。彼のこれまでの努力は水泡に帰したのです。その後、山は政府が買い上げることになり、億の金が支払われましたが、スタッフ一同で山分けし、会社は解散となりました。

善作の元に届いたお金は、乾いた砂地にじょうろに入った水1杯ほどでありました。善作は知らなくてよかったと思います。もし知っていたらと思うと、いたたまれません。生前、善作がぽつんと言った言葉が耳に残っています。「僕はアイデアがいいんだが、収入に結びつけるのが下手でのお」。

◉一ノ宮海岸で眠る

わが家の裏木戸を抜けますと、自転車道路を挟んで日本海です。ここに彼が眠っています。善作に関して講演する機会があると、いつも私は海に下り立ち、会の成功を祈念するのです。暮れなずむ空を夕日は赤く染め、滝港の方向に沈んでいきます。しばし土手に腰を下ろし、彼と過ごした夏の日をしのびます。

彼は私にいくつかの言葉を残しました。親に頼るのを嫌って人力車を引き、飛行機を習いたいばかりの重労働、三大陸を自力でつないだ70日、四つんばいになってたどり着いた人形峠。こう並べてみると、どれもこれも自分をいじめ、いじめ、いじめ抜いて手にしたものでした。ひょっとすると彼は自分をいじめることに生きがいを感じていたのではなかろうかと

晩年に善作が体を癒やした羽咋市の一ノ宮海岸

さえ思います。

いったん目標が決まりますと、もう誰の意見も聞きません。独力でやり通そうとする大真面目さはちょうど、土俵上の力士を見ているようで、滑稽《こっけい》にさえ感じることでした。

彼に子どもがいなかったのは、私は不幸だとは思いません。もし子どもがいたら、がっしり銭を抱え込み、みみっちい生きざまをさらしていたでしょう。これでは何の魅力もありません。自分の信じたことにすっかり銭を使い果たし、洗いざらしの衣服1枚を着せられて、死んでいった善作にこそ「らしさ」を感じるのです。

彼が亡くなった1967(昭和42)年は、どんな年だったのでしょうか。美濃部亮吉氏が東京都知事になり、高見山が関取になり、ラーメン1杯が100円でした。「ザ・ブロードサイドフォー」のヒット曲「若者たち」が善作の肩をたたきました。「君の行く道は果てしなく遠い　だのになぜ歯をくいしばり　君は行くのか　そんなにしてまで…」。そして水前寺清子の歌「いっぽんどっこの唄」で「若いときゃ　二度ないどんとやれ　男なら…」とあるのは善作への応援歌であり、また鎮魂の曲であるような気がしてなりません。

偉業から年月が経過し、当時の快挙を知る人は、わずかになりました。それでも、私の善作を誇りに思う気持ちは変わることはないでしょう。多くの人に善作のことを知ってもらいたい、多くの人に夢を持ち、挑戦する心を堅持してほしい。善作の生きざまから学び、何かをつかみ取ってほしいと強く願っています。

1　1893−1911年

実業家めざし海を渡る

かほく市中沼にある
善作の生誕地

少年期の善作

生誕地は　かほく市中沼

１９３０（昭和５）年、世界三大陸の単独飛行を成功させたのが、かほく市出身の東善作です。産声を上げたのは１８９３（明治26）年９月25日のことでした。金沢から約40キロ北東にある石川県羽咋郡南大海村中沼（現かほく市中沼）で、父長松《ちょうまつ》、母八重《やえ》の次男として生を受けました。

善作が生まれた明治中期の日本は、富国強兵への歩みを本格化させていました。大日本帝国憲法が公布されたのは、善作の誕生４年前の１８８９（明治22）年です。飛行機はまだ実用化される前でした。善作が10歳になった１９０３（明治36）年、米国のライト兄弟の成功まで待たなければなりませんでした。

母の故郷、一ノ宮へ転居

善作の一家は善作が小学校に入る前、母の生まれ故郷である羽咋郡一ノ宮村（現羽咋市一ノ宮町）に移り住みました。日本海に面し、「能登一の宮」と称される気多大社《けたたいしゃ》（気多神社）門前の村です。

一ノ宮村は港町でもありました。江戸時代以降は北前船《きたまえぶね》の船員になる若者が多く、明治、大正期でも船乗りになったり、北海道の函館、根室などへ出稼ぎに行ったりする村人が多い地域でした。村から働きに出た子どもたちから送金があると、住民は「あの家の子から、実家に結構な額の送金があった」「あの家には何円が届いた。ほかの家よりも多く、親孝行者だ」などのうわさ話で盛り上がっていました。

小4で母の実家の寺へ

善作は1903(明治36)年、当時4年制だった一ノ宮尋常小学校4年生の時、母の実家である真宗大谷派西教寺《さいきょうじ》に預けられました。寺を継ぐと期待されていた善作の従兄《いとこ》の竹津義圓《ぎえん》が、海軍の軍人になりたいと言い出し、寺を離れることになったためでした。竹津家や東家ばかりでなく、村人たちが善作に寺を継いでほしいと期待したのでした。

寺では伯父の竹津義学から厳しいしつけを受けました。一人前の跡目になるためだったとはいえ、善作は音《ね》を上げることがしばしばでした。小さい頃は外で遊ぶことが多かったのですが、次第に読書を好むようになります。読みふけったのは、当時流行した冒険小説です。作家押川春浪《おしかわしゅんろう》の『空中大飛行艇』や『新日本島』など、海外で活躍する登場人物に強い憧れを抱きます。そんな12歳ごろの思いを5歳年下の妹ゆきが1930(昭和5)年、善作が世界三大陸の単独飛行に成功した際に、北陸毎日新聞(現北國新聞)の取材に答えています。

12歳で「金《かね》より名誉」

善作が12歳、ゆきが7歳の時、ゆきが自宅でままごとをして遊んでいた時のこと。善作が「おまえがこの世で一番ほしいものは何か」と尋ねたのに対し、ゆきは「お金が欲しい。そのお金で羽子板《はごいた》を買う」と答えました。それに対し、善作は「ばかなやつだな。わしは金なんかほしくない。名誉がほしい」と言いました。その話を傍らで聞いていた父の長松は「善作、おまえはいつもでかいことばかり言って」と叱ったといいます。

村役場就職も海外に憧れ

善作は一ノ宮村役場の給仕（使用人）になります。16歳の少年は安定した職を得たとはいえ、村を飛び出したい考えに変わりはありません。「大陸に渡り、事業家として一旗揚げたい」。善作は両親や伯父に打ち明けましたが、誰も承諾しませんでした。

若者が海外に憧れるのは、当時も同じでした。日本は１９０５（明治38）年の日露戦争で勝利し、国民の中に「欧米列強に肩を並べた」という意識が高まっていたことも理由の一つでした。善作にとっては、米国で成功し、羽咋に広大な邸宅を構えていた男性がいたのも刺激になったようです。

朝鮮で店開き1年で帰郷

善作は１９１０（明治43）年、わずか半年で村役場を辞めます。向かったのは朝鮮半島南部の港町、馬山《マサン》（現昌原《チャンオン》市）です。善作は町中心部の酒屋で、でっち奉公をしたり、鉄道の機関車整備の手伝いをしたりして資金をためた後、独立し、雑貨店を開きます。

小さいながら「自分の店を持った」と意欲を新たにした善作ですが、間もなく大損をして挫折します。ちょうどその頃、海軍に入っていた従兄の義圓が善作を訪ねてきました。制服姿のりりしい従兄に対し、店をどう立て直そうか苦心する自身の姿に、善作は情けなくなります。この時ばかりは居留守を決め込み、人知れず再起を誓いました。

やがて善作は「懸命に働くだけでは成功しない。学歴や教養知識がないと、身を立てることは難しい」と考えます。中学校（現在の高等学校）進学を決心し、１９１１（明治44）年、日本へ引き揚げます。18歳の時でした。

2 1912−1916年

「中学生の人力車夫」から記者に

岡山市中心部に建つ岡山城。善作は
岡山で旧制中学時代を過ごした

金沢、京都を経て岡山へ

故郷に戻った善作は1912（明治45）年に京都の旧制京都中学（私立）に編入します。学費を稼ぐため、新聞配達やそば屋の出前持ちをします。翌年には岡山県の旧制関西《かんぜい》中学（私立）へ進み、4年生の学級に編入します。19歳になった善作は、石川から遠く離れた岡山の学校に進んだ理由を周囲に聞かれると「中学4年の編入試験を行ってくれたのは、関西中だけだった」と説明しました。

岡山にいたのは2年間ですが、後に経団連会長や東芝会長などを務め、3公社（国鉄、専売公社、電電公社）の民営化を打ち出した土光敏夫《どこうとしお》らと机を並べ、親交を結ぶことになりました。

当然、岡山でも学費は自ら稼ぐ必要がありました。善作が選んだのは、人力車を引く車夫でした。日中は学校に通っているため、仕事をするのは夜しかありません。夜の車夫は収入がよく、善作は料亭や芸者置屋などを回ります。

当時、中学生が車夫になる例は非常に珍しく、善作自身も抵抗があったようです。善作は車夫だった時に写した記念写真の裏に、こう記していました。

「汝《なんじ》失意ノ時代ヲ忘《わすれ》ルベカラズ　慢心起《おき》ラバコレヲ見ヨ」。この頃を失意の時代とし、逆境時代の苦境を永久に忘れないよう自らを律したのです。

関西中時代の善作

学費を稼ぐため記者に

善作は22歳になった１９１６（大正５）年、関西中を卒業します。同級生の中には大学に行く者が多く、自らも大学進学の資金を蓄えるために岡山を離れ、まずは金沢で仕事を探し、人力車夫として生計を立てます。

しかし、出場した相撲大会で骨折し、人力車夫として働くのが難しいと考えていたところ、新聞記者募集の話を知ります。入社試験を受けたのは、金沢の北陸新聞の記者職でした。25人が受験し、採用されたのは善作ただ1人でした。後に善作が語ったところによると、他の入社志望者が洋装だったのに対し、善作は和服に袴《はかま》を身に着け、周囲から目を引いていたようです。

「あすから飯が食えない」

主筆の市川潔が志望理由を聞いたところ、善作は次のように答えました。「入社させていただけなければ、あすから飯が食えない」。市川は「面白いやつだ」と感心し、採用を決めます。善作も後年、率直な受け答えが採用につながったと振り返っています。

北陸新聞は１９１８（大正７）年に北陸毎日新聞に改題した後、１９４０（昭和15）年に北國新聞社と合併し、北國毎日新聞社となります。北國毎日新聞は１９５０（昭和25）年に北國新聞に再び改称し、今日に至っています。

取材を機に飛行家目指す

善作が記者生活を送っていたのは半年足らずですが、飛行家を目指すきっかけとなる取材を担当することになります。5月4日の採用から間もない5月21、22日、金沢で行われた米国人による曲芸飛行でした。

当時の日本の民間航空界はどのような状況だったのでしょうか。日本人が動力付き飛行機での飛行に成功したのは1910（明治43）年12月。ライト兄弟による世界初の動力飛行から7年後のことでした。成功したのは、陸軍の軍人2人で、江戸幕府9代将軍徳川家重の次男重好を祖とする清水徳川家の当主徳川好敏《よしとし》と、熊本県人吉市出身の日野熊蔵でした。

2人が飛行を成功させた1910年12月19日は「日本の航空元年」として、顕彰されています。

日本でも飛行機に対する関心が高まり、外国人パイロットが来日し、曲芸飛行を行う例が出始めます。金沢でも1916（大正5）年に米国のアクロバット飛行士アート・スミスが訪れ、妙技を披露します。

スミスは4カ月間の日本滞在中に東京、大阪など15市を巡り、計56回の曲芸飛行を繰り広げます。翌1917（大正6）年も来日しました。

市電が開通する直前の1916年の金沢市中心部。善作が新聞記者として働き出した

金沢でも曲芸飛行

金沢での飛行は現在の野田町、平和町、若草町にまたがっていた陸軍の野村練兵場で行われました。5月21日付の北國新聞朝刊の記事では、スミスは「世界一の大飛行家」「鳥《ちょう》人《じん》」「バードマン」の見出しで紹介されました。

事前の団体申込者は3万人を超え、金沢を発着する北陸線の3等客車の運賃が2割引となり、臨時列車も運行されるほどでした。

初日は低い雲がかかり、絶好の飛行日和と

はいきませんでしたが、会場には8万人もの観衆が詰め掛けます。

スミスは低空での飛行を余儀なくされました。上空1200フィート（約360メートル）まで上昇し、宙返り飛行を繰り広げます。高度25メートルまで急降下する「垂直降下」、水平飛行、場内の観客の頭上スレスレでの超低空飛行などを見せました。9分2秒にわたる妙技を終えると、拍手と歓声が起こりました。

初日のフライトの模様を伝える22日の北國新聞朝刊には「極度の低空飛行」の大見出しとともに、3枚の写真が掲載されました。スミスは取材に対し「今日は日本へ来てから一番、群衆と近い低空飛行ができ、十分に成功することができ満足」「（上空から見る金沢は）水田が碁盤のように整然としていた」と感想を話しています。

2日目も計2回のフライトが行われました。好天に恵まれ、スミスは初日を上回る高度まで飛行機を上昇させます。1回目は4700フィート（約1400メートル）、2回目も3800フィート（約1160メートル）まで上がり、宙返りや回転飛行、垂直降下などを披露します。

飛行家の夢抱き渡米

観衆以上に感激したのが、新聞記者の善作でした。空中で見せる妙技はさることながら、多くの喝采を浴びるスミスに羨望《せんぼう》の眼差しを向けます。スミスとは同世代だっただけに、若い飛行家の活躍ぶりに驚き、打ちのめされたのでした。

「自分も日本人の飛行家として空を飛び、名を残したい」「世界の交流を促進するのは飛行機の役目であり自分が一翼を担いたい」

善作はこう決意し、米国に渡る決意を固めます。米国には民間の航空学校があり、スミ

金沢で曲芸飛行を披露するアート・スミス

スのようになれると思ったのです。

本田宗一郎も宙返りに魅了

スミスの大空での飛行ショーに引き付けられたのは、善作だけではありませんでした。浜松市で行われた曲芸飛行の興行には、当時小学生だった本田技研工業の創業者、本田宗一郎も訪れていました。「世界のホンダ」を創設した「おやっさん」は練兵場前の木によじ登り、スミスの宙返り飛行に夢中になりました。

善作が足の療養で滞在した現在の七尾市の和倉温泉

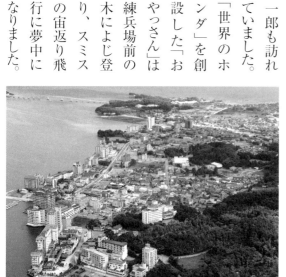

後に「衝撃を受け、自転車に竹で作ったプロペラを付け、村中を走り回ったほどだった」と回想しています。

善作は新聞社の上司に退職する意向を伝え、米国行きの準備を進めます。励まし、助言を与えたのは金沢市史の編纂で名を残す郷土史家の和田文次郎でした。新聞記者だった和田は善作に「五体健全で、働く気があるなら、アメリカでは食っていける」と励まします。

善作が一ノ宮を出発したのは10月18日のことです。母八重は土産として新聞紙に包んだ20個ほどのゆで卵を渡し、善作の無事を祈ります。善作は22日に金沢から上野行きの夜行列車に乗ります。大志を抱いた善作を見送ったのは、6人だけでした。

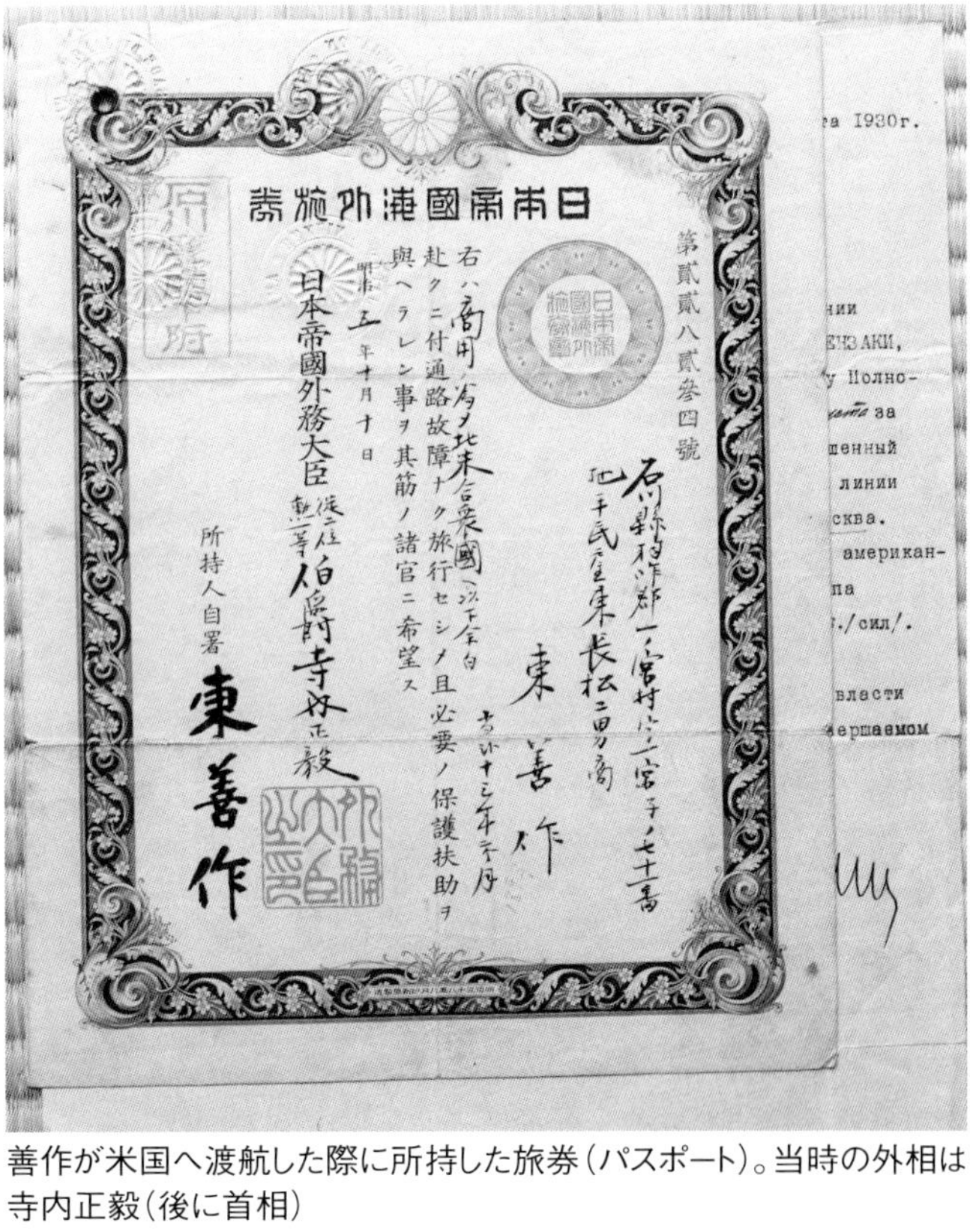

善作が米国へ渡航した際に所持した旅券（パスポート）。当時の外相は寺内正毅（後に首相）

善作は横浜港から船で太平洋を渡ります。米国西海岸のサンフランシスコまでは当時、2週間程度かかっていたので、11月中旬には到着したようです。善作を待ち受けていたのは、日本人への逆風と苛酷な労働でした。

回想 1

ウランの山師は飛行家だった

ノンフィクション作家
鈴《すず》木《き》 明《あきら》

◉職業はチャプスイ屋

東善作というある日本人の生涯をつづっていくに当《あた》って、内心、いささかの不安がないでもない。第一に、東善作は有名人でもないし、日本の歴史に特筆するほどの役割を果たした人でもない。学問や政治の世界に貢献したわけでもなく、彼自身「その職業は？」と訊《き》かれたとき、かなりの期間、「チャプスイ屋です」と答えていた。この「チャプスイ」という文字も、多分、日本人には極めて馴染《なじ》みのないものであろう。

無論、東善作が対アメリカとの関係で、他に例をみない珍しい体験をもった人物の一人であることは事実である。例えば、彼は第二次大戦後、日本国籍人

写真提供・今井仁子氏

鈴木明　1929（昭和4）年、東京に生まれる。民間放送局勤務を経て、ノンフィクション作家に。73（昭和48）年、『「南京大虐殺」のまぼろし』で第4回大宅壮一ノンフィクション賞を受ける。2003（平成15）年に77歳で死去。

としてはただ一人、アメリカ軍隊から「軍人恩給」をもらっていた。これなどは「日米」の長い歴史を考えてみれば、珍しいというよりも、ふしぎというほうが当《あた》っている。それは、彼が第一次大戦中、アメリカ軍航空隊に入隊したただ一人の日本人であったということによるものである。アメリカは第一次大戦後三十五年も経《た》って、このことを法的に認め、恩給支給が実現したもので、普通なら小なりといえども、ニュースになってもおかしくはなかったことであろう。

しかし、このことは別にどの新聞にも載らなかったし、とりたてて問題にされることもなかった。彼の行動はいささか突飛《とっぴ》なところはあったが、全体としてみれば、いわば、市井《しせい》に生きた、平凡な庶民の一人であった。

その上、東善作が死んでから、もう十五年にもなる。この間に、東善作の評価について、特に著しい変化が見られたわけでもないし、彼の遺族が特筆大書するようなことをしたわけでもない。第一、東善作には、子供がいなかった。

それにもかかわらず、ここで、東善作の生涯を記述する、ないし「検証する」という気持《きもち》をもつようになったのは、この人物の辿《たど》ってきた生涯が、一九八〇年代に生きるわれわれ日本人にとって、どうしても無縁ではない、という予感に駆《か》られたからである。どの部分が「無縁でない」のか、いわば読む人の年代によって異なるであろう。しかしどちらにしても彼の生涯は、多分に大真面目で

この回想は1982（昭和57）年発刊の中公新書『日本男児とアメリカ』（中央公論社）の一部を抜粋しました。

あり、勇敢であり、ある意味では滑稽《こっけい》であり、悲劇的でも喜劇的でもあった。それは日本の、特に明治以後の日本民族の特性と、それに従った日本の歴史と に、若干のかかわり合いがあったことに間違いはないのである。

もう一つ、僕自身と東善作の生涯との出会いが、かなり劇的であったことも付け加えなければならない。

◉「ついに太陽をとらえた」

二年ほど前、僕は日本の原子力について、何かを書きたいと思っていた。きっかけは、無論「スリーマイル島」*「敦賀原発」*の事故などいくつかの要因があるが、直接にはフランスで垣間《かいま》見た原子力工場の姿であった。はじめから結論はなかった。ただ「原子力」という、われわれ素人には何とも捉えどころのないこの不可解な巨大エネルギーを、自分なりに把握してみたかったのである。しかし、多くの人から話を聴き、うずだかく積まれた参考書を読んでいっても、いっこうに僕が求める「焦点」は浮《うか》んでこなかった。

そんなときに、ふと思いついたのが、日本の新聞で「原子力」なる言葉を、いつ頃からどのような形で使いはじめたのか、ということであった。

「朝日」「毎日」「読売」のうち、いち早く「原子」の世界に眼を向け、これに的確

*スリーマイル島原発事故＝1979（昭和54）年、米国ペンシルベニア州スリーマイル島の原子力発電所で大量の放射能漏れが発生した事故。炉心の冷却装置の故障から大事故に発展し、燃料棒も一部破損したが、破局的な炉心溶融には至らなかった。州知事が緊急事態を宣言し、周辺住民が避難した。

*敦賀原発事故＝1981（昭和56）年、敦賀原発1号機内の一般排水路から放射性物質が漏れた。

な評価を下していったのは読売新聞であった。具体的にいうと、それは昭和二十九年一月一日から連載がはじまった「ついに太陽をとらえた」というシリーズものである。

当時、日本はようやく飢餓線上から脱し、一部には「朝鮮動乱景気」があったとはいえ、日本はまだ貧しく、停電は日常茶飯事のことであった。出現したばかりの「街頭テレビ」に人びとは集まり、街には美空ひばりの「リンゴ追分」が、時代を象徴するように流れていた。

この年の一月、社会党の水谷長三郎が、国会で当時の首相吉田茂*に、「日本でも原子力の研究をはじめないのか?」と質問をしたとき、吉田茂は、「独立(講和条約発効)後わずか二年で、そんな大それたことを……」といった意味の答弁をしている。

◉エネルギー解決に期待

日本は、資源と人口とのバランスのとれていない国、という認識が明治以来存在している。金、銀も掘り尽くしたし、ほかに、これといった資源もない。農地も狭い。しかし、日本は動力エネルギーを、無限に求めている。もし日本

*吉田茂＝東京生まれの外交官、衆院議員。外務省に入り、公使、大使を歴任後、首相に就き、1946(昭和21)～54(昭和29)年に5次にわたる内閣を組織する。サンフランシスコ会議首席全権として対日平和条約、日米安保条約に調印した。ワンマン宰相として知られ、引退後も保守本流の元老として政界に影響力を持った。

に、まだ掘ったことのない「ウラン」が存在し、それが自国のエネルギーを支えることができたら……という夢は、当時日本の大衆に、単純に受け入れられていた。

「第五福竜丸」*の「死の灰」は、「反核運動」への第一歩になったが、同時に、「残りカスに過ぎない灰ですら、それだけのエネルギーをもつ〝原子力〟は、やがて未来のエネルギー問題を一挙に解決してしまうに違いない」という漠然たる予感が、当時の庶民の間に存在していたことも、また否定できない。

昭和三十年のはじめ、日本学術会議会長茅《かや》誠司、原子力研究所所長駒形作次が出席し、フランスの原子力庁物理化学部長ゲロンを相手に行われた「原子力平和利用座談会」で、ゲロンは熱っぽい調子で、こう語っている。

「われわれは有力なウラン鉱脈を、国道からわずか数百メートルのところで発見したが、これはウランが如何《いか》に捕捉し難いものであるかを示す実例である。ウランの場合は、二センチ、三センチの幅の層でも、探査する価値があり、それはまるで、キツネがウサギの足跡を追うようなものだ」

そして、ゲロンは断言した。「ゆるぎない自信をもって、探すことである。やり抜くという心構えである。費用をかけても、必ず採算はとれる」

＊第五福竜丸事故＝1954（昭和29）年、太平洋上のビキニ環礁を航行していた静岡県のマグロ漁船「第五福竜丸」がアメリカの水素爆弾実験に巻き込まれ、多量の放射性降下物（いわゆる死の灰）を浴びた事故。船員23名全員が被ばくした。

◉国が総力挙げウラン追う

通産省地質調査所は、総力をあげて、日本中の「ウラン」を追いはじめた。日本は戦争中、仁科芳雄*を中心としたグループが、ひそかにサイクロトロンを使って、原子力の事件はやっていたから、福島県石川、岐阜県苗木などに、若干のウラン鉱床があることはわかっていた。しかしそれらはかなり不純物が多く、とても「鉱脈」とまではいえない。当時の地質調査所には信頼性のあるガイガー・カウンターすらなく、「総力をあげる」といっても、せいぜい、昔からの鉱山、廃鉱などを調べ、ウラン鉱脈のありそうなところを「再点検する」という程度であった。

◉地質調査所に奇妙な老人

その頃、地質調査所に奇妙な老人がときどき訪れて、所員を驚かしていた。年は六十歳を過ぎたばかりであろうか。新聞記事によると、「地質調査所に、放射能のかなり高い石が持ち込まれた。持って来た人物は、ガイガーまで持っている本職の山師某で、鳥取県とまではわかったが、どうしても産地をいわない。というのも、ウランは法定鉱物ではなく、発見者の権利

＊仁科芳雄＝岡山県出身の物理学者。宇宙線の研究で業績を挙げた。没後に仁科記念財団が設立され、著しい業績を上げた研究者に仁科記念賞を授与している。

が保証されていないからだ」

ということである。

僕はなぜか、この「山師某」のことが気になった。多分この「山師某」は、巨大な日本の原子力産業の世界のなかでは、ケシ粒にも当《あた》らないような、小さな存在であったかも知れない。しかし、「原子力」というものが、まだ「神代」のようであった時代に、通産省の巨大なシステムを相手に、日本中の山を一人駆けずり廻《まわ》っていた老人がいたことは、僕の幻想をかきたてた。

いま「原子力」という名がつけられた多くの建物のなかでは、チリ一つない廊下が続き、眼のくらむような超近代的なメカニズムによる非人間的なシステムの下で、冷静な職員たちが、コンピュータのような正確さで動いている。しかし「神代」の時代には、それを支えた極めて人間的な「山師」がいたのである。その「某」は「山師」の名に耐えながら、とにかく、日本で初のウランの鉱脈を掘りあてた。その場所は、いま「人形峠」*という幻想的な名前で、日本の原子力産業の一翼を担っている山の一画である。

この奇妙なアンバランスな現実が、僕にとって「山師某」へのアプローチの原動力となった。「山師某」の本名は、新聞社で苗字の「東」しかわからなかった。当時取材に当たっていた記者は早くに亡くなり、取材メモも失われていたから

---

*人形峠＝岡山県と鳥取県との間に位置し、両県の県境を成す峠。1955(昭和30)年、まとまった鉱量の見込めるウラン鉱が見つかり、「日本の原子力開発の原点」と呼ばれる。原子力発電計画を担う資源として脚光を浴びたが、商用に適さないことが分かり、試掘は中止。ウラン含有残土の放置問題も発覚し、地元住民による法廷闘争につながった。

である。

しかし、動力炉・核燃料開発事業団の人形峠事務所長高瀬博は、当時のことを記憶していて、僕にこういった。

「その人は、東善作といって、とても変《かわ》った方でした。〝ウラン爺さん〟などと呼ばれていまして、当時、非常に優秀なガイガー・カウンターを持っておられて、ときどき地質調査所にお見えになるのです。何でも、北は北海道から、南は屋久島まで行ったといっていました。

ところがある日、一つの石を持ってきました。これが猛烈にカチカチとカウンターに反応するわけですね。われわれもびっくりして〝どこのものですか〟ときいたが、彼は〝まあまあ〟といって、返事をしない。それも当然で、当時はまだ法定鉱種というもののなかに、ウランが入っていないわけです。

ところが、それから一カ月ほどして、東さんからハガキが届いたのです。われわれの一人が気がついて、消印のところを見ると「関金」と書いてある。さて、日本中に「関金」というところはないかと、郵政省にまで頼んで探しましたね。いま考えても、おかしな話です。

そして、日本中の鉱区のなかから、ウランが出そうなところと「関金」とを照らし合わせた結果、東さんが狙いをつけていたのは、鳥取県の小鴨鉱山*に違い

＊小鴨鉱山＝鳥取県倉吉市にあり、通産省工業技術院地質調査所がウラン鉱石を確認した。

ない、ということがわかったのです。無論、われわれは全員で出かけました。私は、そのまま小鴨付近の農家に民宿して、蛾《が》や、泥水や、雪や氷と戦いながら、一年近く、あの辺の土地を、センチ刻みに探査して廻りました。昭和三十年の夏頃からのことでした。そうです。あの人形峠の鉱脈を発見するきっかけになったのは、東さんの情報だし、採掘権を正式に登録したのは、たしかに東さんです。しかし、その後のことは知りません。いま、生きているとすれば九十歳ぐらいだと思いますが、その後、どんなふうに暮《くら》していらっしゃったか……」

◉中学の同級生、土光敏夫と東善作

僕がいろいろな曲折を経て、東善作の生涯のアウト・ラインをつかんだのは、一九八一（昭和五十六）年の夏頃である。そして、これもまた偶然であるけれども、その頃から、にわかに脚光を浴びることになった「行革の鬼」土光敏夫が*、東善作とまったく同じく、大正四年、関西中学*の卒業生であることを知った。

関西中学は「かんぜい」と読むのだそうである。岡山市内にあり、明治二十年に創立されたという。

この学校は、一九八二（昭和五十七）年の「夏の甲子園大会」に、三十四年ぶり、

*土光敏夫＝岡山県出身のエンジニア、実業家。石川島播磨重工業の社長、東芝社長、会長を歴任し、経済団体連合会（経団連）の会長に就任した。鈴木善幸首相らに請われ、臨時行政調査会長に就任した。三公社（国鉄・専売公社・電電公社）民営化などの路線を打ち出し、「ミスター合理化」と称された。質素な生活から「メザシの土光さん」としても親しまれた。

*関西中学校＝1887（明治20）年に開校した私立岡山薬学校を起源とする旧制中学校で、現関西高校。高校野球の強豪校として知られる。

二度目の出場をしてから、高校野球に関心のある方は、ご記憶かも知れない。関西高校は、長崎の原爆投下日に当《あた》る八月九日の第一回戦で古豪「中京高校」とぶつかり、一対二であえなく散った。点数こそ接近していたものの、内容は完敗であった。NHKの中継では、はじめに出場校の紹介フィルムが入るが、それによると、関西高校の正面入口の前には「敢為《かんい》」と刻んだ石碑が建てられているそうである。「敢為」は、中国に古くからある成句の一つで「思い切って行なう」「断乎《だんこ》として決行する」という意味である。土光敏夫の名は、いかにもこの学校の出身者にふさわしい。

土光敏夫は、八二年一月に、「日本経済新聞」に載せた「私の履歴書」というコラムのなかで、関西中学で受けた山内佐太郎校長のことを追憶している。この文章によれば、大正年代のはじめに山内校長の目指したものは、「〝国士魂〟とデモクラシーとの調和であった」と書かれている。

「山内先生の発案で、中国山脈横断百キロの横断行進が実行された。岡山から姫路経由で豊岡を出て、城崎から鳥取砂丘、出雲大社へ。帰りは米子から津山まで上り、津山から記者で岡山へ戻る二泊三日の旅程であった。全校生徒五百人が、地下タビ、わらじばき、重装備のリュックを背負っての行進。体力のない者はバタバタ倒れた。私はラッパ手をつとめ、倒れた下級生を、一人一人担ぎ上げた覚えがある」

この「百キロ徒歩行進」は、その歩いた地名をも含めて、これから書き進めようとしている、わが「東善作」の生涯を考えるとき、極めて暗示的である。土光敏夫と相前後した卒業生のなかに、帆足計《ほあしけい》*（社会党代議士）、坂田徳男*（哲学者）、佐々木吉郎*（明大総長）、田中弘道*（岡山市長）などがいるが、東善作はその中でも、体が一廻《まわ》りも大きく、どこか大人びていた。「浪人」しているために、年も三、四歳違っていたようである。

土光敏夫は書いている。「なかでも（同窓生の）変《かわ》り種は、アメリカより大西洋横断の最初の飛行に成功した東善作氏。東氏は、昭和五年六月二十二日、東京号でメトロポリタン飛行場を出発、アメリカ、欧州、アジアの三大陸を飛んで、八月三十一日、無事岡山に着陸成功した。

山内校長は、この快挙にいたく感激、〝私がこれまで中学卒業証書を渡した者は、千六百余名に達しているが、東君の如《ごと》きはまことに日本男子中の男子である。しかも東君は、労働の神聖をもっともよく体験した人である……〟と述べている」

土光敏夫の回顧のなかでは、東善作は「山師」ではなく「パイロット」として登場してくる。正確にいえば、東善作が飛んだのは「大西洋」ではなく、また山内

*帆足計＝大分県出身の衆院議員。1952（昭和27）年に公人として戦後初めてソ連に第三国経由で入国し、国際経済会議に出席した。ソ連からの帰路、成立直後の中華人民共和国幹部と接触した。

*坂田徳男＝兵庫県出身の哲学研究者。関西学院大教授、大阪市立大教授、帝塚山大教授を歴任した。

*佐々木吉郎＝広島県出身の経営学者。明大商学部長、経営学部長、総長などを歴任した。

*田中弘道＝岡山市議、岡山県議を務めた後、1947（昭和22）年、岡山市で初の公選市長となり、1期4年間務めた。

校長の頭のなかにあったのは「男子」ではなく、「男児」であったと思われるが、どちらにしても、「日本男子中の男子」という表現は、いまから半世紀前の言葉としても、やや古めかしさを感じさせる。しかし、大正から昭和のはじめにかけて、世はまさに「エロ・グロ・ナンセンス」の時代であり、日本の風俗、倫理観などの混乱は、逆に「日本人らしいイメージ」を求めさせる結果にもなっていた。

一九二七（昭和二）年大西洋を飛んだリンドバーグ*におくられたアメリカの熱狂振りは、「禁酒法」によってもたらされたアメリカ社会のモラルの荒廃への反《はん》撥《き》であり、繁栄に酔い痴れて明日を見失っていたアメリカへの、皮肉な警告と受け取る解釈が、いまや一般化されている。土光敏夫の回顧録に出てくる東善作についての言葉は、この「リンドバーグ」から三年後のことである。関西中学校長山内佐太郎が使った「日本男子中の男子」という言葉も当時の時代を反映して思わず口をついて出てしまったものと考えれば、その古めかしさとは別に、また別の解釈も成立し得るかも知れない。

同じように、土光敏夫が日本の将来を賭けた「行革」の正念場に当《あた》って、あえてこの「日本男子中の男子」に対して十数行を割いて紹介したことも、必ずしも偶然とはいえまい。いまここで、僕が改めて東善作の生涯を綴《つづ》る動機となった

＊チャールズ・リンドバーグ＝米国の飛行家。1927（昭和2）年にプロペラ機でニューヨークとパリを飛び、大西洋単独無着陸飛行に初めて成功した。31（昭和6）年には北太平洋横断飛行にも成功した。

ものは、土光敏夫とほぼ年を同じくした明治の中期に生まれ、日本敗戦の二十二年後に死んだこの一人の日本人の「国士」「デモクラシー」「山師」「パイロット」などの背景を追うことにとって、日本近代史へのいささかの検証を行ってみたいという気持《きもち》にほかならない。

（中略）

東善作関係の取材のためにアメリカに行ったのは、今年の冬から春にかけてであった。六十年ほど前、東善作が、彼のいう「エアタクシー」の事務所を持っていたサン・ペドロ通りの跡には、いまは瀟洒《しょうしゃ》*な「スミトモ・バンク」が建っていて、昔の面影はない。また、彼が住んでいたパサデナの中心街も大きな空地《あきち》で、その跡を訪ねようもなかった。

そのなかで彼が六十年前に出入りしていた「羅府新報*」は、場所こそ移っているが今も健在で、そのバック・ナンバーが揃《そろ》っていたことは力強かった。また、そこで紹介されたたくさんの七十歳を過ぎた「一世」の人たちが「東善作」の名を憶《おぼ》えていてくれたことも、このドキュメントを書き進める上での原動力となった。この人達の協力なくしては、とてもこの本は完成しなかったであろう。

ただ「羅府新報」にコピーの機械がなかったことが大変なネックとなった。話によると、数年前UCLA*のLINという先生がきて、「羅府新報」をすべてマ

*瀟洒＝あか抜けたたたずまい、様子。

*羅府新報＝米国カリフォルニア州ロサンゼルス市に本拠を置く日本語新聞。1903（明治36）年に創刊された。

*UCLA＝カリフォルニア大学ロサンゼルス校。1919（大正8）年に開校した。

イクロ・フィルムに収めていったという。

UCLAは、日本の大学と比較すれば、想像を絶するほどの広さである。それに、日本やヨーロッパの大学のことを考えてみると、学内の研究室や図書室は概して閉鎖的な空気が強いもので、UCLAに第一歩をふみ込んだときには、一瞬途方に暮れたほどであった。

しかし、僕の悪い予感はまったく外れた。LINさんはあいにく交通事故で長期休暇をとっていたにもかかわらず、かわりに何人かの「アジア科」にいるアメリカ人が、文字通り手とり足とりといった親切さで僕の仕事を手伝ってくれ、わずかな期間で、マイクロ・フィルムからの面倒なコピーを、千数百枚という大量にもかかわらず、持ち帰ることができた。彼らはマイクロ・フィルムだけではなく、全然の西海岸における日系人の興味ある資料を、惜しげもなく見せてくれた。

いま日本やアメリカのマスコミは、お互いの立場をまるで「満州事変」当時を思わせるような言葉で非難し合い、その上日本の「GNP大国意識」までが加わって、活字の上だけでみると、日米摩擦はドロ沼にはまり込んでいるようにみえる。僕が取材中の最後の頃に起《おこ》った「IBMスパイ事件*」で日本の大量の記者がシリコン・バレー*に駆けつけたときなどは、「真珠湾攻撃寸前の日米みたいだ

*IBMスパイ事件＝1982（昭和57）年、米国連邦捜査局（FBI）が、IBMのコンピューター機密情報を不正入手しようとした疑いで日立製作所の社員など計6人を逮捕した事件。日立はIBM互換機を製造しており、多額の損害賠償、製品検査などに迫られた。

*シリコン・バレー＝米国カリフォルニア州北部の地域の名称。半導体メーカーなどが集まった一大生産、開発拠点。

ね」と冗談をいう日本人二世もいたほどである。

東善作がアメリカに渡ったのは一九一六(大正五)年のことだが、彼がアメリカ人に親しみを感じ、同時に日米の摩擦のなかで、「在米日本人」としてどのように考え、行動するかを模索する姿は、ことによると、いまも昔も、それほどの変《かわ》りがないのではないかと錯覚するほどであった。そして、われわれは「明治、大正、昭和」あるいは「戦前、戦後」と節目をつけて歴史の表面を眺めがちだが、毎日を生活してゆく一人の市民として歴史を見つめたとき、「日本とアメリカ」が、一人の明治生《うま》れの日本人に、どのように投影しているかを僕は改めて考えてみたくなった。

ここでいう「東善作」という名前は、ただ一人の人名のつもりではない。それはよくも悪くも、われわれの祖父であり、あるいは父であり、近代日本をその土台で支えてきた人たちであった。「歴史の教訓」という言葉があるとすれば、東善作がかち得た成功も、そして失敗も、われわれの祖父や父の行ったものと同じであろう。そして何人といえども、それが結果として今日の日本を作ってきたことを、否定することはできないであろう。僕はことによると、この一人の個人を、愛情をもって書き過ぎたかも知れない。僕はいま、彼の物語を書くことができたことを、改めて故東善作に感謝せずにはいられない。

3

1916−1929年

逆風の中で飛行修業

善作が米国で最初に訪れた
サンフランシスコの街並み

練習費は超高額1分1ドル

渡米した善作はサンフランシスコ東側の都市、オークランドの航空学校に入ります。学費は高額で、飛行機の練習費は1分につき、1ドルでした。

当時の為替相場は1ドルが2円でした。1円は現在の価値に換算すると2千円程度で、単純計算すると1分4千円となります。5分ならば2万円、10分ならば4万円です。誰もが簡単に支払える金額ではありませんが、練習用の飛行機は粗末で故障続きの代物でした。

善作は学費と生活費を高額な賃金が得られる重労働で賄おうとします。選んだのは、オークランド郊外のコーリャン畑での野良仕事です。コーリャン畑なら高給が得られると助言したのは、金沢の記者時代に出会った和田文次郎でした。

当時、サンフランシスコの港湾労働者の時給は55セントで、1カ月に150ドル程度を稼ぐことができたようです。農業従事者は港

飛行家として修業する善作(右)

湾労働者よりも低賃金とはいえ、日本から出稼ぎに来る人が多い時代でした。それは日本で稼ぐよりも、はるかに高額な収入を得られるからでした。

善作は農場と航空学校を往復する日々を送りますが、1917(大正6)年夏、航空学校は閉鎖に追い込まれてしまいます。米国が第1次世界大戦に参戦することが決まり、教官と学生の多くが従軍し、航空学校が全て閉鎖されたからでした。

大戦で学校閉鎖、陸軍航空隊へ

善作は畑で働き続け、再開を待ちますが、いっこうに動きはありません。待ちきれない善作は、米国の陸軍航空隊に志願します。戦争中に軍の一員になれば、戦場に行く可能性は大きく、命を失う危険も高まります。当時、米国人だけでは志願者が集まらず、軍は外国人にも門戸を開き始めていました。善作は賭けに出ました。「早く一人前の飛行家になりたい」。その一心でした。

善作はサンフランシスコで軍人としての心構えを学んだ後、操縦と技術習得に励みます。軍では給料が出て、3食が付き、宿舎も完備されていました。農場での重労働から解放された善作は「飛行機三昧《ざんまい》」の日々を送ります。

第1次世界大戦は1918(大正7)年11月

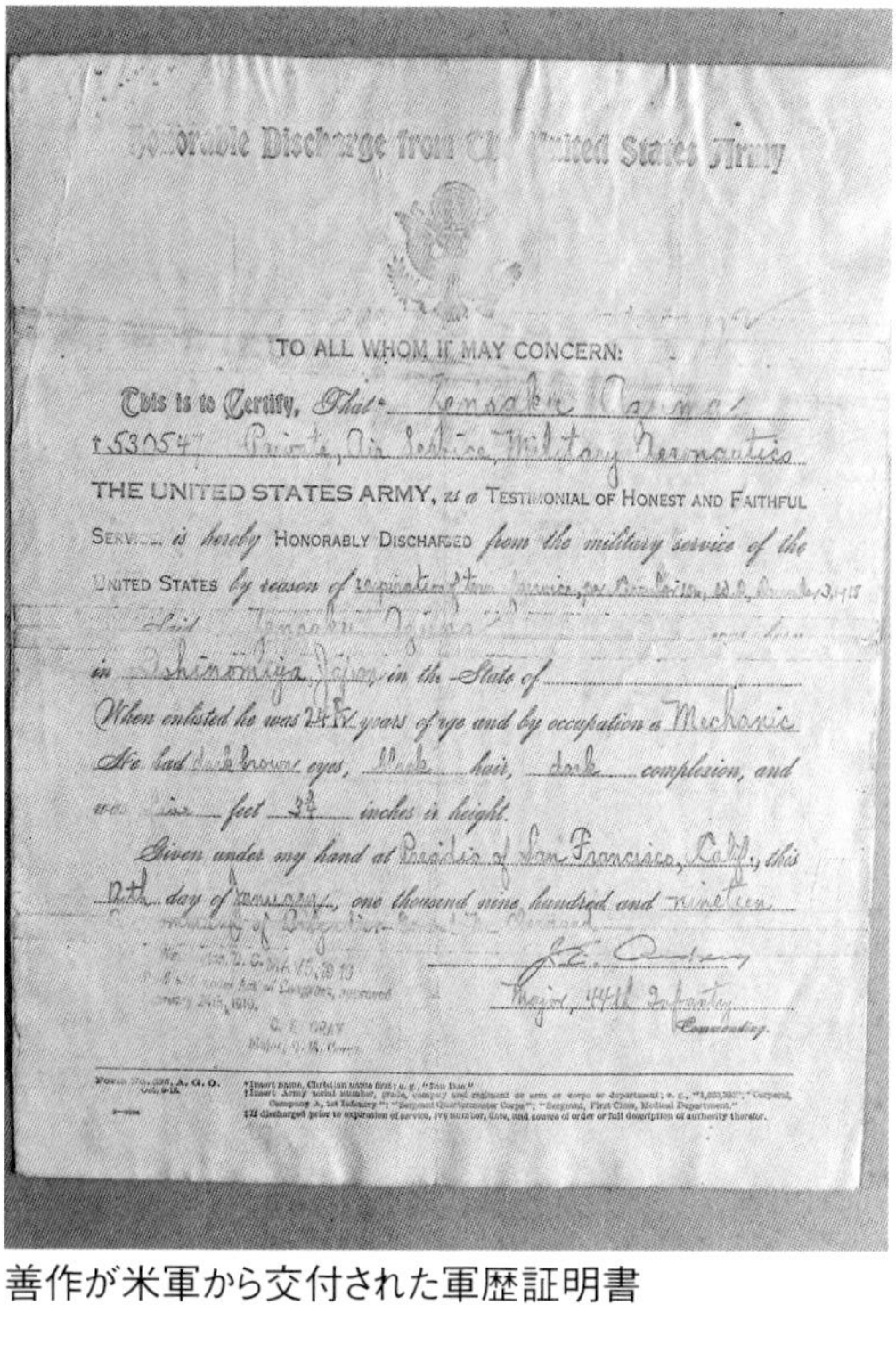

Honorable Discharge from the United States Army

TO ALL WHOM IT MAY CONCERN:

This is to Certify, That* Zensaku Azuma

†530547 Private, Air Service, Military Aeronautics

THE UNITED STATES ARMY, as a TESTIMONIAL OF HONEST AND FAITHFUL SERVICE is hereby HONORABLY DISCHARGED from the military service of the UNITED STATES by reason of

in Ichinomiya Japan in the State of

When enlisted he was years of age and by occupation a Mechanic

He had dark brown eyes, black hair, dark complexion, and was five feet inches in height.

Given under my hand at Presidio of San Francisco, Calif., this day of January, one thousand nine hundred and nineteen

Major, 44th Infantry, Commanding.

善作が米軍から交付された軍歴証明書

に休戦協定、翌年6月にベルサイユ条約が締結されて終結します。善作は1919（大正8）年4月、陸軍から除隊を命じられます。

その後、善作は再び農場での労働をこなしながら、渡米後に最初に暮らしたオークランドに戻り、飛行学校に再入学します。飛行学校の当時の校長は日系人に親身なボーマンと呼ばれる男性でしたが、校長がほどなくして陸軍出身の男性に交代します。新校長は着任早々「日本人に対して学費を倍にする」と宣言します。日本人の学生は当時、10人弱が所属していましたが、反発して退学する者が相次ぎ、善作を含む2人だけになります。

学費値上げとの因果関係があるかは分かりませんが、当時の米国では日本人の移民（日系人）を排斥しようとする「排日運動」の機運が高まっていました。日本および日本人への偏見に加え、米国人が担っていたはずの仕事が、日系人をはじめとする移民の安価な労働力で奪われるということが理由で起きたとみられています。

排日運動の端緒は1906（明治39）年に起こります。サンフランシスコの公立学校で、日本人児童の入学が拒否されたのです。1913（大正2）年にはカリフォルニア州議会が排日土地法（カリフォルニア州外国人土地法）を制定しました。米国での市民権を持たない日系1世は土地所有ができなくなりました。1920（大正9）年には改正法が成立し、日系2世を含めた日系人は土地所有ができなくなり、土地は取り上げられてしまいます。

ついには米国連邦議会が1924（大正13）年、白人以外の移民を禁止する「移民法」を成立させ、日系人に対する「排日運動」が一層高まることになります。

卒業証書発行で2ドル請求

善作は卒業式でも不当な扱いを受けまし

た。校長が卒業証書の発行費用として2ドルを請求したのです。

善作は仕方なく2ドルを支払い、校長から卒業証書を受け取ります。「日本人は卒業証書を金で買わない。2ドルはおまえにくれてやる」と言い放つと、卒業証書を引き裂き、学校を後にしました。

翌月、善作は水上飛行機を専門とするオークランドのクラーク水上飛行学校の助手になります。曲芸飛行を行うために必要な高等ライセンスを取得するためでした。特異で高度な飛行技術はもちろんのこと、整備や修理もできなければなりません。

クラーク水上飛行学校では、善作が恩師と呼ぶクラーク、デッケルという男性2人と出会います。デッケルはフランス人で、日本との関係が深い人物でした。江戸幕府がフランスと友好関係があった名残で、1919(大正8)年1月から翌年4月まで日本に滞在していたのです。

デッケルは任務を終え、フランスに帰国する途中、米国のオークランドに立ち寄り、旧知のクラーク水上飛行学校を訪ねたのです。居合わせた善作と日本の航空界の現状について話が弾み、意気投合しました。

「日本は世界より10年遅れ」

「日本の航空界は、世界よりも10年遅れている」。祖国の遅れを気にし、善作は航空界発展に尽力したいとさらに強く願うようになります。善作はこの頃、将来の構想をメモに残しています。「金沢を出発点とし、能登半島遊覧や京都遊覧、空からの善光寺参りを始めたい」。金沢で民間飛行の会社を設立し、遊覧飛行を行う内容でした。

クラーク水上飛行学校で1年半を過ごした善作はロサンゼルス近郊にあるベニスの「クーパー高等飛行学校」に進みます。低空での回転や横転、急降下といった難易度の高い操縦技術を習得します。

唯一の墜落事故で自らに罰

善作はその頃、人生で唯一という墜落事故を起こします。航空学校にちょうど映画の撮影隊が訪れ、撮影隊の前を低空飛行していたところ、翼が撮影用の台にぶつかり、バランスを失って地面にたたき付けられたのです。翼は破損しましたが、善作らに大きなけがはありませんでした。

生涯唯一の墜落事故を起こし、猛暑での農作業に従事する善作

善作は事故を猛省し、自らに罰を与えます。それは1カ月に及ぶ猛暑の中での農作業でした。「一瞬のミスで命を失いかねない。事故は金輪際、起こしてはならない」。善作は誓います。

善作は卒業飛行で15回連続の宙返り飛行などを成功させます。「金沢で見たアート・スミスの飛行技術を上回った」と善作は考えます。渡米から5年の歳月が過ぎていました。

ベニスから程近いロサンゼルスでは、後に伴侶《はんりょ》となる寿々《すず》と出会います。寿々は東京出身で、渡米して雑炊店を営んでいました。店で出す雑炊は「チャプスイ」と呼ばれる中華風のうま煮で、肉と野菜を細かく切って煮込んだ料理でした。

邦人向け飛行学校の設立志す

善作は日本人対象の飛行学校を作ろうと考えます。飛行学校は高額な費用が必要で、米国人が開いた飛行学校の教官は退役軍人が多いのが現状でした。そこで善作は日本人が学びやすい学校の設立を思い立ったのでした。

「微力ながら日本の民間飛行家を育てたい」。善作は資金集めに奔走します。約3カ月後には、複葉機1機の購入にこぎ着けます。価格は1500ドルとも、2千ドルともいわれ、今の価値に換算すると日本円では3千万円を軽く超えるものでした。

1923(大正12)年9月1日、日本では関東大震災が発生します。死者、行方不明者は10万5千人余りとされ、米国大統領のカルビン・クーリッジはラジオ演説で、米国の国民に日本へ義援金を送るよう呼び掛けました。

関東大震災で空から義援金募る

クーリッジの演説に前後し、善作は空から義援金を呼び掛けるビラをまくことを思い立ちます。愛機を赤く塗りつぶし、両側面に「HELP JAPAN」と書き入れました。垂直尾翼には赤十字を模したマークを描き、上空からビラをまき続けました。

善作が寄付を呼び掛けたのは、排日が根強い米国の市民に日米友好を説きたかったからでした。「両国民の誤解を解き、日米の絆を深めたい」「米国人の誠意を母国

伴侶となる寿々(左)との記念撮影に収まる善作

ったのです。

の日本人に分かってほしい」。こんな思いだ

雑炊店レッドウイング開く

寿々とともにロサンゼルス近郊のパサデナに開いた雑炊店の名前は、いつしか「レッドウイング」となりました。由来となったのは、善作の愛機の翼が赤かったからでした。

日本人向けの飛行学校を開く構想は頓挫《とんざ》します。理由は震災翌年の１９２４（大正13）年、「排日移民法」と呼ばれる改正移民禁止法が制定されたためでした。この法律は日本人を含む外国人が、米国への移住を排除するものでした。

米国に対する日本人の感情はさらに悪くなり、後の日米開戦につながったとの見方もあるほどでした。仮に飛行学校を作ったとしても、米国人の入校は見込めない上、渡米する日本人がほとんどいなくなったからでした。

「チャプスイ屋のおやじ」

日中は遊覧飛行、夜はチャプスイ店に立つ暮らしが続きます。善作はこの頃から職業を聞かれると「チャプスイ屋のおやじ」と自嘲気味に紹介するようになりました。本来は飛行家になるために渡米したはずが、飛行家としても思い描いたようなことができず、日本人向けの飛行学校の設立も難しい状態でした。善作は夢と現実のはざまで苦悩していたのです。

「チャプスイ屋のおやじ」を自称していた頃の善作

4 1929−1934年

三大陸横断飛行

三大陸の横断飛行を終え、大阪から東京へ向かう善作（左）

リンドバーグが大西洋横断

1927（昭和2）年5月20、21日、25歳の米国人飛行家、チャールズ・リンドバーグが大西洋の単独無着陸飛行に成功しました。単葉単発機でニューヨークを飛び立ち、翌21日、フランス・パリに着陸しました。飛行距離は5810キロ、飛行時間は33時間29分30秒でした。無名だったリンドバーグは一躍、英雄になり、懸賞金として用意された賞金2万5千ドルを獲得しました。

大西洋を横断飛行した
チャールズ・リンドバーグ

その頃、善作と寿々のチャプスイ店には、善作を慕う日本人の飛行家が顔を出すようになりました。その1人が大分出身の後藤正志です。後藤は善作より3歳年下でしたが、飛行家になるため渡米していたのです。

刺激受け三大陸飛行へ

後藤はある構想を口にします。それは米国から欧州を経由し、ロシア、中国を回って日本に向かう飛行です。大西洋無着陸横断を先にリンドバーグに越されたため、別の構想を打ち出したのでした。

「俺は日本へ飛行機で行く」。後藤が構想を大まじめに語ります。距離は2万キロにもなる大旅行です。道中では何度か離着陸を重ねながら目指そうというのです。成功できるかどうかは、厳しい見立てでした。着陸する国の許可が得られるかどうか分からず、気象や気流なども未知の世界でした。燃料や宿賃、食費といった費用の問題もありました。

後藤は1年半かけて準備し、1929（昭

和4）年7月1日、ロサンゼルスを小型機で出発します。最初の着陸地、ソルトレイクシティーに到着したとの一報がありましたが、その後、消息が途絶えます。後藤はロッキー山脈で墜落していたのです。濃霧が原因で、出発からわずか3日目のことでした。

「やっぱりだめか」という絶望の声が多い中、善作は「後藤の夢を引き継げないか」と考えていました。

「翼友」後藤の夢継承へ動く

「翼友」後藤も善作と同じく、米国では資金集めに苦心した同志で、白人家庭の除草などをこなした苦労人でした。友人の夢を自ら成し遂げられないか密かに行動を始めます。

莫大な費用は個人で賄いきれる訳ではありません。長距離を飛べる飛行機が必要で、燃料代のほか、2カ月間かかるといわれる道中の宿賃などもどう工面するか問題でした。

善作はまず飛行機を購入します。複葉機「トラベルエア4000」に目を付け、新品では1万ドルする中古機を5千ドルなら譲ってもよいという所有者と出会います。善作は恐る恐る寿々に相談します。

寿々は意外にも反対しませんでした。チャプスイ店の売り上げを貯金していること、さらには善作の実家に一部を送金していることを伝え、夢を追うならば構わないと伝えます。

「トラベルエア4000」の巡航速度は177キロ、航続時間は6時間ほどでした。善作は燃料のタンクを増設し、10時間程度は飛べるように改造しました。タイヤは離着陸を重ねられるよう、大型の製品に付け替えました。

現地紙で計画を発表

善作は1930（昭和5）年4月30日、ロサンゼルスの日系人向けに発行される日刊紙

「羅府新報」で計画を発表します。「飛行機で世界三大陸を自費で横断する」。日系人の間では驚きとともに、期待が日増しに高まります。

5月2日付の北國新聞朝刊にも「故国へ訪問飛行」の見出しが躍り、郷土の人々にも計画が伝えられました。善作が5月末、もしくは6月上旬にロサンゼルスを出発し、東京へ飛来する予定が記されていました。

パラシュート購入を迷う

善作は脱出用パラシュートを買うかどうか迷います。代金は350ドルでした。資金は当初から切り詰めており、1日当たりの食費、宿泊費を1日5ドルと見積もり、当初はこれ以上費用がかかるパラシュートは買わないと決めていたのでした。

しかし、寿々は購入するよう求めます。寿々は自分の指輪などを売り、資金を捻出しました。手元に残ったのは3ドルでした。飛行機は「東京号」と名付けられました。

ロサンゼルスとは対照的に、日本での関心はそれほどではありませんでした。善作がいつ着くか分からず、事故や故障、資金不足で失敗するかもしれなかったからです。当時としては無理もないことでした。

出発前日の善作
（1930年6月21日）

出発したのは6月22日です。ロサンゼルスを出てから最初の着陸地は東に800キロ離れたアリゾナ州の飛行場でした。

東海岸北部の大西洋に浮かぶロングアイランドに着いたのは、ロサンゼルスの出発から8日後のことでした。善作はニューヨークを経由して船で大西洋を越え、ロンドンに向かいます。主翼を取り外して積み込み、7月10日に出発します。6日間の船旅中、善作はリンドバーグが飛んだ大西洋を自分も横断したいと考えていたようで、後日、「いささか残念だった」と回想しています。

領土問題で足止め

善作はロンドンに到着後、着陸許可と上空の通過許可を得るために動きます。当初は気楽に構えていましたが、足止めを食らいます。リトアニアではドイツ、ソ連、ポーランドとの間で領土問題があり、ソ連は「ポーランドから飛んで来た飛行機は撃墜する」との通達を出していました。

善作はフランス、ドイツ、ソ連を順に飛行する予定でしたが、許可がなければ不法侵入となり、飛行機は撃ち落とされる可能性がありました。日本大使館の世話を受けますが、手続きは煩雑《はんざつ》で、時間が過ぎるばかりでした。

善作は「これほど煩わしいとは思わなかった。小さな飛行機であり、個人の旅だから簡単にいくと思っていた」と困り果てました。ロンドンを出発し、パリに到着したのは7月31日にずれ込みました。

パリの空港は、3年前にリンドバーグが降り立った場所でした。8月3日に出発する予定でしたが、天候不良で5日に延期します。

ところが、出発後、発動機から異音が聞こえたため、不時着せざるを得ないと決意します。場所はベルギー陸軍の練兵場でした。

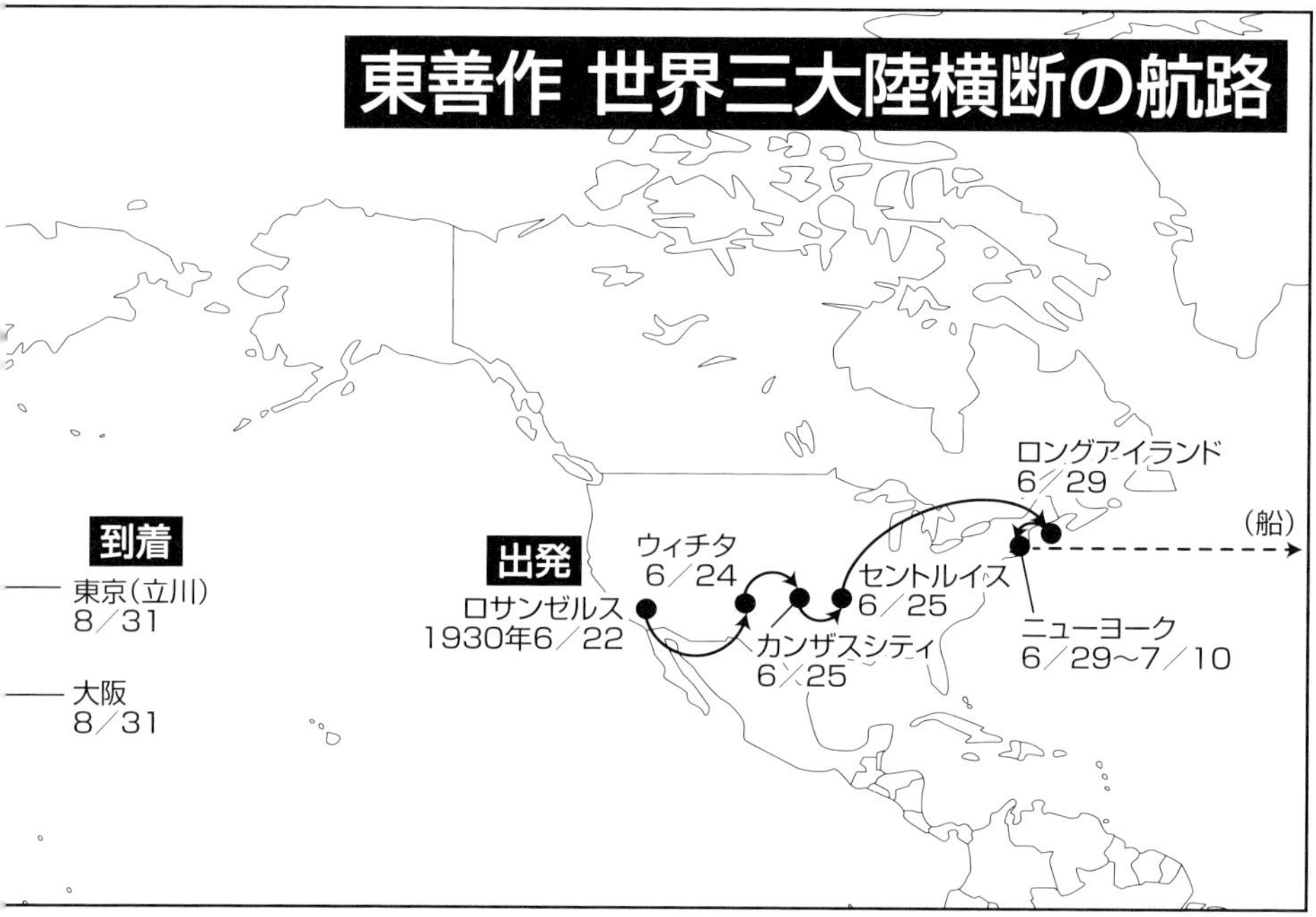

パリの空港で東へ向かう準備をする東京号（1930年8月4日）

ベルギーで不時着、身柄拘束

不時着したのはちょうど訓練中で、善作は兵士に身柄を拘束されました。兵士から「飛行機は没収する」と通告されると善作は死刑宣告を受けたような気持ちでした。全財産をはたき、日本に向けて単身で飛行しているさなか、愛機を没収されれば夢はついえてしまうのです。

善作はベルギーにある民間飛行

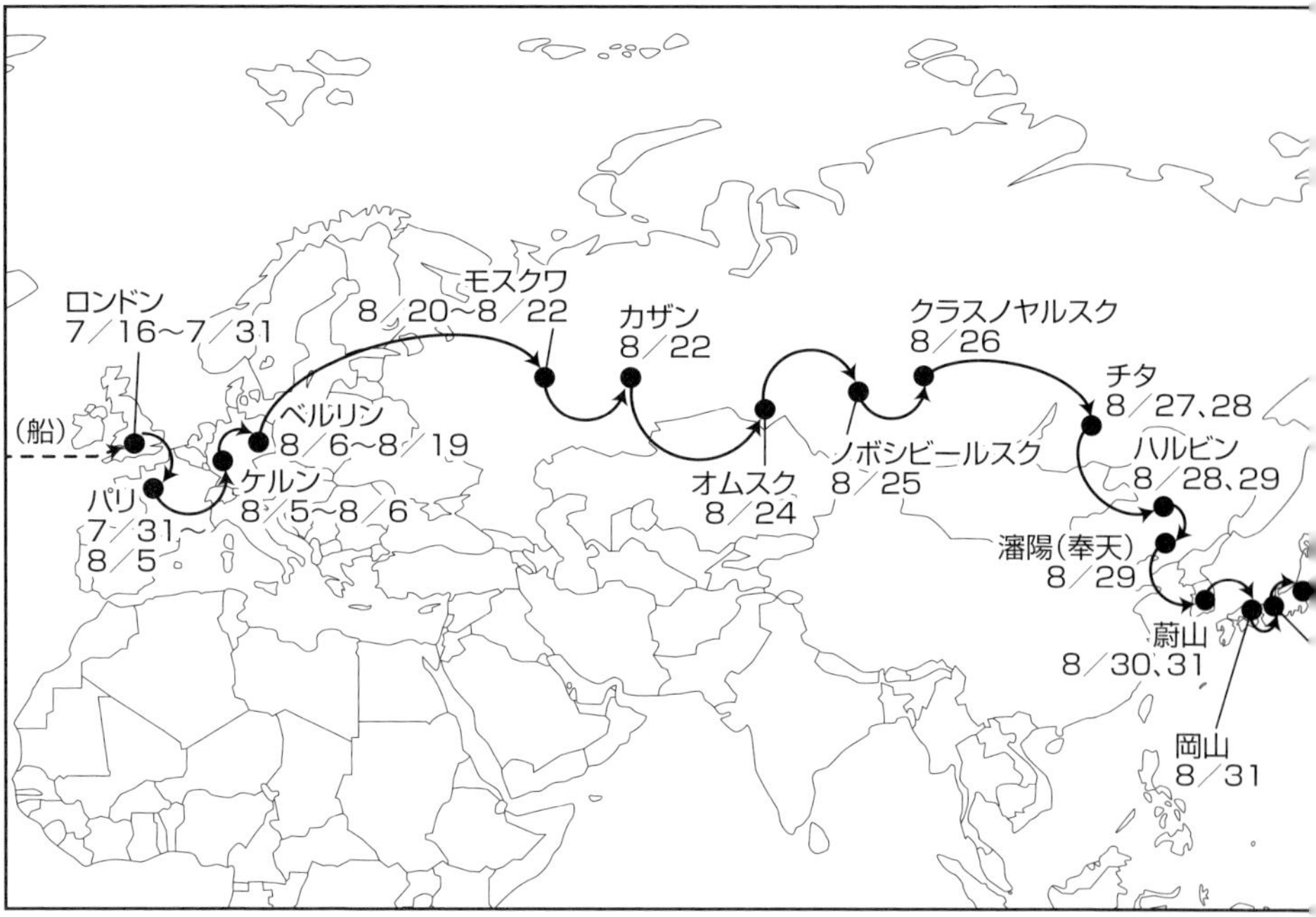

場へ不時着を知らせてほしいと懇願しますが、練兵場の幹部は全く聞き入れません。とうとう終わりだと思った時、善作はあることを思い出します。それはベルリンで読んだ新聞で、当時25歳の高松宮宣仁《のぶひと》親王（大正天皇の第三皇子）がベルギー王室を表敬していたことです。「私は日本人だ。わが国の高松宮殿下がベルギーの皇帝陛下をお訪ねしているはずだ。殿下に日本人が不時着して困っていると伝えてほしい」

殿下はもとより、日本の関係者に本当に伝えられたか定かではありませんが、善作の思いが伝わったのか、無罪放免となりました。さらに飛行機には燃料が提供され、食事での歓待も受けました。「地獄で仏とはこのことか」。善作は感謝しきりでした。

佐賀の飛行家と出会う

ベルリンではソ連への飛行許可を得るた

めの手続きに追われます。そのさなか、佐賀出身の飛行家吉原清治と出会います。吉原は当時24歳で、善作より12歳年下でした。吉原は東京の新聞社が企画したベルリン・東京間の長距離飛行のパイロットとして、準備に入っていました。善作は吉原よりも1日早く着陸許可が出たため、8月19日、ベルリンを出発します。翌20日夜、ソ連の首都モスクワに到着することができました。

モスクワで善作はベルリンで出会った吉原清治のことが気になります。「吉原は新聞社の応援を受けている。自分の資金で勝手気ままに飛んでいる私とは違う。私がこのまま先に日本に着いてしまえば、彼の立場は危うくなるのではないか」。

善作は翌日、モスクワをたつ予定でしたが、吉原の到着を待ち、送り出してから出発することを決めます。吉原がパリでシベリア大陸の飛行地図を惜しげもなく見せてくれたことへの恩返しの意味もありました。

シベリアであわや墜落

善作は8月22日、モスクワを出発し、東に向かいます。シベリアではあわや墜落の危機に遭遇します。理由は濃い霧でした。霧の中の飛行は危うく、今のように安全装置はありません。善作は地面すれすれまで下降するなど危険な飛行を繰り返しましたが、何とか難を逃れました。

善作が中国・満州のハルビンに到着したのは8月28日です。持ってきた旅費が底をつきかけますが、8月30日に朝鮮の蔚山《ウルサン》に到着します。モスクワを先に出た吉原の飛行機はちょうどこの頃、東京の立川陸軍飛行場に到着し、多くの人から喝采を受けていました。

岡山へわざと「不時着」

飛行最終日の8月31日、善作は蔚山を日本に向けて飛び立ちます。当初は大阪まで直行する予定でしたが、学生時代を過ごした岡山の上空に到着すると、眼下に大群衆が待ち構えているのを目にします。新聞で飛行を知った「第二の故郷」の熱烈な歓迎に胸を熱くし、掛けていた眼鏡が涙で曇るほどでした。

善作は「不時着」を理由に岡山の飛行場に着陸します。多くの人は驚き、善作に駆け寄りました。その中には、中学時代の恩師や中学時代に働いていた車夫時代の同僚の家族もいました。岡山の地元紙は号外を発行し、地元ゆかりの飛行家の偉業を大きく伝えました。

70日間かけ東京へ到着

善作は岡山を昼前に離陸し、午後1時過ぎ、大阪に到着しました。燃料を補給後、最終目的地である東京へ向かうだけとなります。午後2時に離陸した東京号は、午後5時25分、陸軍の立川飛行場に着陸しました。1万8千キロ、70日間のフライトでした。

翌9月1日の北國新聞朝刊は「見事欧亜旅行に成功」の4段見出しとともに、善作が偉業を成し遂げたことを伝えています。北陸毎日新聞朝刊でも「日本人としてアメリカ人のなすこと位出来ぬ道理があるか」と、善作の覇気《はき》が小気味よく報道されています。

善作を待つため立川飛行場に集まった大群衆

立川飛行場で出迎えたのは、岡山以上に大勢の人でした。「太平洋を（無着陸で）ひとっ飛びしようという夢が現実味を帯びている中、飛び石のように飛行を続けた自分がこれだけ歓迎されていいのか心苦しい」。

小泉逓信相（前列中央）と並ぶ善作（前列左から4人目）

母と14年ぶり対面

群衆の中に母八重の姿もありました。14年ぶりに対面した2人は、どちらも涙し、言葉を失います。「お父さんも元気じゃ。なあ善作、おまえも仕事が済んだと思うて、ここで気を落とすな。しっかりせよ」。36歳の善作が黙って母の言葉に聞き入る様子に、集まった人たちも胸を熱くしました。

到着後に開かれた歓迎会は、逓信相の小泉又次郎（小泉純一郎元首相の祖父）らが祝辞を贈り、偉業をたたえました。善作は「飛行中、私は行く先々に電報を打たなかったので皆様にお叱りを受けましたが、実は所持金が乏しく、故郷へ帰れるかどうかも分からなかったのです。私は病床にある父と年老いた母に会いたく、14年も離れていた日本人の顔が見たくて帰って来たのです」

金沢へ凱旋《がいせん》飛行、父と再会

次は郷土への凱旋飛行です。東京号は9月10日午前10時27分、立川飛行場を離陸します。大阪で1泊後、11日午前9時、大阪から金沢へ飛び立ち、約2時間後、金沢の上空に差し掛かります。市街の上空を低空で大きく1周し、午前11時15分、野村練兵場に着陸します。「東君万歳」「東京号万歳」。3万人ともいわれる大勢の人から歓声が沸き起こり、歓迎一色となります。

金沢の野村練兵場に着き、市民から歓迎を受ける善作(1930年9月11日)

練兵場のテントでは、病身の父長松も待っていました。善作は「お父さん」と言ったきり涙を流し、観衆は親子の対面に拍手を送りました。

善作は翌12日午前は一ノ宮小、午後は羽咋小でそれぞれ開かれた歓迎会で歓待を受けました。一ノ宮小では歓迎文集が作られ、19人の児童が作文を寄せました。13日には中沼に隣接する大海小も訪れました。

能登への凱旋飛行は金沢に戻った後の16日に行われ、金沢、一ノ宮、富来、七尾を回り、再び一ノ宮を通って金沢へ戻りました。各村々では「万歳」の歓声が響き、機上の善作は白いハンカチを振って応えました。善作はその後、東京に約2カ月滞在しながら、講演のため全国を駆け巡りました。東京のホテルで暮らしていた善作ですが、寿々は米国に残したままでした。

東京号を処分、米国に戻る

善作は米国へ帰ることを決め、東京号を売却処分し、旅費の足しにすることにしました。元陸軍大臣の宇垣一成に働き掛けた結果、陸軍航空本部に2千円で買い取ってもらえることになりました。

善作は翌1931(昭和6)年1月9日、横浜港から「龍田丸」に乗り、ロサンゼルスに向かいます。米国でも三大陸飛行は快挙として、歓迎会や講演会が続きました。

回想 2

「東京号」による帰国飛行の思い出

東《あずま》 善《ぜん》作《さく》

世界の博覧会王といわれた櫛引弓人《くしびきゆみんど》＊氏が招聘《しょうへい》した、アメリカのアクロバット鳥人アート・スミス君の名演技に魅せられ、男子の往《い》く所は空なり、我も飛行家たらんことを決意し、柳行李《やなぎごうり》＊一つを携えて一九一六（大正五）年の秋、渡米した。

現在はジェット機という速い飛行機があるので十数時間でアメリカへ行けるが、当時太平洋を渡るには船以外の乗物はなく、横浜～サンフランシスコ間に十三日ないし十六、七日を要した。

僕が渡米することを伝え聞いた東京在住の父の友人は、密入国してニューヨークにいる息子に手渡してくれるようにと梅干の小樽《こだる》を託されたのにはいささか困った。そのころの日本人は、カリフォルニア州もニューヨークも隣くらい

＊櫛引弓人＝青森県出身の興行師。１９２６（大正15）年に開かれたシカゴ万博で日本茶園を開き、評判を集めた。大正期には海外の飛行士を日本に招いて妙技を紹介した。

＊柳行李＝ヤナギを編んでつくったかごの一種。

に考えているほどアメリカに対する知識がなかった。一方、アメリカの小学校の教科書には、ちょんまげ姿で車を引いている人力車夫の写真がのっており、日本に電車が有るかとよく聞かれて苦笑させられたほど、アメリカ人もまた日本を知らなすぎた時代であった。

◉民間飛行学校へ入学

大正の初めごろは、アメリカでもまだ飛行機とは珍しい時代であったので、飛行学校の数も少なかった。月謝は一分間一ドルという目玉の飛び出るくらい高いものであったが、飛行機は現在にくらべるとまことにお粗末で、すぐ故障続出する代物であった。エンゼル島の移民局で入国の見せ金を、船で知り合った友人からこっそり借りてやっと入国ができたほどの貧乏な僕は、元より月謝のあろうはずがないので、あらゆる重労働をやった。今でも君はカラ手何段かと聞かれるほど僕の指が節くれだっているのは、一分間一ドルの月謝稼ぎの名残なのである。

◉米国陸軍航空隊を志願

ルシタニア号*がドイツの潜航艇に撃沈され、アメリカも遂《つい》に第一次世界大戦

この回想は1966（昭和41）年に日本航空協会（東京）が発刊した『日本民間航空史話』の一部を抜粋し、手直ししました。東善作が1963（昭和38）年10月31日に記したものです。

*ルシタニア号撃沈＝1198人が死亡し、米国民も128人が亡くなった。

に参戦することになったので、国内の民間飛行学校は全部閉鎖された。僕は飛行機の操縦を習いたい一心で、ただそれだけで米国陸軍航空隊に志願し入隊した。戦時中、兵隊に志願すれば、どのような事が待っているかなどは、一刻も早く一人前の操縦士になることしか念頭にない若者には気の付くよしもなく、死もまた恐れなかった。原隊では多くの死傷者が出たが、飛行学校の入試にパスして学校に学んでいた僕は幸いにも生命に別状はなかった。けが一つせず、その上いろんな事を教わったのに、従軍したというだけで在米中は税金免除の恩恵に浴し、さらに今春からアメリカ政府から恩給を支給されるのでいささか気の毒みたいである。これも蒔《ま》いた種の功徳なのであろうか。

◉「赤い翼」チャプスイ店開店

戦争は遂にドイツの敗北で終《おわ》りをつげ、僕は一九一九年の春除隊となった。さらに高等飛行術?を習得するためロサンゼルスに来て、今のワイフ伊藤寿々を知り結婚した。その後パサデナ市に移住し、アメリカ人相手のチャプスイ店を開業した。そのころ乗っていた飛行機の翼が赤かったので「レッドウィング(赤い翼)」と名づけた。飛行家のチャプスイ店というので無やみに繁昌《はんじょう》して、おもしろいほど金が儲《もう》かった。僕は昼は教えたり、遊覧客を五分五ドルで乗せ

第1次世界大戦に参戦し、
フランスを進む米軍兵

たりして終日飛行場で暮《くら》し、夜は家内といっしょに「赤い翼」でホワイトコートを着てお客様の応対につとめた。

◉大日本帝国臣民

そのころ日本から航空関係の視察者がよく来ていたので、いつでも僕は案内役を買って出た。そしてその人たちから日本の航空界がアメリカにくらべて至極遅れていることを聞かされたので、これは大変だと思い、実に情けなく感じた。海外で生活した者なら直《す》ぐわかる気持ちだが、祖国を愛し想《おも》う熱情は、決して日本におる者に劣らないのである。

余談であるが除隊の折り、中隊長が僕を呼び戦時中アメリカの兵役に服した者は人種の如何《いかん》を問わず、一様に市民権が与えられる法律だから、東君、君にも市民権をといわれたが、僕は大日本帝国臣民を誇りとしているので、アメリカの市民権はいりませんとキッパリ断った。あのころの日本人なら、誰でもみな僕同様に答えたと思う。

話は横道にそれたが、日本の航空界の遅れている現状を聞いて以来、どのようにしたなら進歩発展するであろうかと、そのことばかりを考えている内に一つの案を思いついた。それは僕自身で日本まで飛ぶことである。

◉母国を飛行機で訪問

柳行李一つを抱えて渡米し、フライパンのお尻をたたいて生活している一介の労働者が、もし単独で日本まで飛行することが出来たなら、日本の民間航空界に多少の刺激を与えることができるだろうから、一つ母国訪問飛行をやってみようと決心した。そこで貯蓄全部をはたいたが、まだまだ金が足らないので頼母子講《たのもしこう》*を幾《いく》つか落札してまず中古のトラベル・エア四〇〇〇型飛行機一機を買い、十時間くらい飛べるよう、ガソリン・タンクを増設し、いろいろと修理を加え、「東京号」と命名した。

いよいよ準備万端整ったので、一九三〇(昭和五)年六月二十一日、在留同胞諸君に見送られ、ロサンゼルス空港を離陸、一路母国訪問の途についた。明朝早く出発というのに、気のきかない友人どもが宵の口から隣室に詰めかけ騒いでいるので、妻と十分語ることが出来なかったのが心残りであった。また有金《ありがね》全部を飛行にかけたので、わずか三ドルしか妻に残して来られなかったので、今後どうしてやって行くだろうかとこれまた多少気がかりであった。

米大陸横断、ヨーロッパからシベリアを横断し、同年八月三十一日、残暑きびしい午後、幸運にも無事立川飛行場に着陸することが出来た。その喜びはた

*頼母子講＝金銭の融通を目的とした民間互助組織で、一定の期日に構成員が掛け金を出し、くじや入札で決めた当選者に一定の金額を給付し、全構成員に行き渡った時点で解散する。

とえようのないものであった。十四年ぶりで見る日本の姿、今立っているのは踏んでいるのは日本の土かと思うと、涙が滂沱《ぼうだ》として下るのを禁じ得なかった。能登の田舎からはるばる出迎えに来て下さった母と、人前も忘れて抱き合って喜び合った。この歓喜は終生忘れ得ないものであった。

◉毎日のやりくりに苦労

飛び石伝いの飛行でも、途中いろいろな事に出合った。なにぶん僕の飛行は元より何から何まで単独でやらねばならず、新聞社がやる計画された飛行と違い、飛び出したが最後、途中や着陸予定地が雨か嵐か知るよしもなく、羅針盤だけをたよりに飛ぶのだから、いろんなことにも遭ったが、何より心配で困ったのは金の問題であった。あの飛行の完成するまでに飛行機の購入費も含めて約一万五千円強を費《つい》やしたが、毎日予定以上に費用が超過するので気が気でなく、そればかりが気がかりであった。

◉「使ってもお金は殖《ふ》える」

ソ連国内を飛んだ折りは、なにぶんロシア語はハラショウ一言のほかはわからないので、モスクワ大使館の厚意でガソリン代、宿泊料等々すべての費用は

善作が乗り込んだ
「東京号」

日本大使館へ請求して来るよう手配をして下さったので、米貨五百ドルの旅行小切手を預けて安心して飛んだのであるが、飛行のことなど忘れかけていた一九三八（昭和十三）年の暮《くれ》、お正月を迎える金の工面で飛び回っていたある日、外務省の加瀬俊一氏から、ソビエトにおける油代金の事で話がしたいから至急来るようにと突然電話が掛かってきた。これはてっきり油代金が不足だから払いに来いというのであろうと思い込み、そののち何度電話があっても放っておいたところ、来なければこちらで勝手に処分してもよいのかとおどかされたので恐るおそる伺候すると、これはまた何事ぞ、ルーブルが暴落し、反対にドルが暴騰したため、ソ連で使った全部の費用を差引《さし》き、なお預けた金の二倍にふくれ上ったその金を、折角《せっかく》返してくれるというのであった。僕は戦後ドイツのマルクが暴落して、数々の悲喜劇が起きた話は聞いていたが、外貨の変動の激しさに今さら驚いた。これだけのお金があると、楽しいクリスマスもお正月も迎えられるので、加瀬氏の茶目《ちゃめ》を責めるどころか、三拝して外務省の門を出た。

◉ハラショー、ヤポンスキー

雨まじりの悪天候の中を何時間も飛んだので尿意を催した。幸い近くに広い野原を見付け、何回も旋回して、地表を確《たし》かめた後着陸したまでは無難だったが、付近から老若男女が押し寄せ、ハラショウ・ヤポンスキーと大歓迎してくれたのは嬉《うれ》しかったが、下の方は今にも破裂しそうにふくれ上っているので、こちら様は気が気でなく、ハラショウの声を残しとうとう舞い上った。今思い出しても苦しい愉快な思い出である。

◉日本の総理大臣閣下

下の話になり恐縮ついでにもう一つ。無事飛行も終《おわ》ったので、ご挨拶《あいさつ》をかねロスの市長から日本の総理大臣閣下へ託されたメッセージをお伝えすべく、朝日新聞の記者さんに付添《つき》われ、総理大臣室に恐るおそる伺候《しこう》し、ロス市長のメッセージをお伝えする光栄を有しますと、ブリキの兵隊よろしく直立不動で言上した僕の言葉が終るや否や、ライオンとアダ名のある厳格そのものの浜口総理大臣閣下*は、開口一番、「君、東君、飛行機の上で小便をしたくなったらドギャンするのかね」と御下問《ごかもん》になったのには驚かされた。しかじかとお答えすると、閣下はいとも朗らかに呵々《かか》大笑《わらい》された。後で聞くと、ライオン氏のあのように大笑いされたのを初めて見たというのであった。一九三〇(昭和五)年、今から三十三年前の総理大臣閣下は、飛行機についてはお弱かった。

うそか真《まこと》か、真疑《しんぎ》のほどは確かでないが、そのころの外交官試験にエア・ポ

＊浜口雄幸＝首相などを務めた政治家。「ライオン宰相」として親しまれたが、東京駅で銃撃されたことが遠因となって死亡する。

ケットとは何《な》んぞやとの答案に、エア・ポケットとはすなわちシュークリームの意なりと喝破《かっぱ》した迷答《めいとう》があったとか。まんざらの作り話でもない気がする。

◉飛行機按摩《あんま》の巻

アメリカのどんな田舎に行っても、もうそのころは飛行機を按摩するようなことはなかったが、日本では大都市でもまだ飛行機が珍《めず》らしい時代だったので方々で按摩の被害を蒙《こうむ》った。

郷土訪問飛行のとき、金沢市外の野村練兵場に着陸した折りのこと、待ちかまえていた大群集は飛行機目がけて押寄《おし》せ、てんでに思い思いのところを按摩するのにはほとほと困った。なかなかやめてくれないので、青年団をたのみ飛行機の周囲に縄を張りめぐらして番をしてもらい、ようやく按摩《あんま》の難から愛機を護《まも》ることができた。

野村練兵場があった現在の陸上自衛隊金沢駐屯地周辺(2017年12月撮影)

◉山羊《やぎ》を真似《まね》る

晴れた日に空高く飛ぶのは心地よいものである。操縦桿《かん》を股《また》の間に挟み、両手を遊ばせて下界の次《つ》ぎつぎに移り変《かわ》る景色を眺めることほど愉快なものはまたとあるまい。音痴五百石の僕でも、自然の都々逸《どどいつ》や、「ここはお国を何百里」かが飛び出すのである。むかし平将門《たいらのまさかど》*が叡山に登り京都を俯瞰《ふかん》し、我《わ》れ天下を取った暁《あかつき》は云々《うんぬん》と豪語した気持《きもち》がわかる。人は高い所へ昇ると、将門ならずとも偉くなった気がして、そんな言葉の一つ二つは出そうである。どれだけ山の遭難の悲劇が報ぜられても、後から後からと登山者の絶えないのは、御来光を拝んだり、そこに山があるからだけでなく、将門心理?作用も一つの理由と思う。

その日は途中から悪天候に変《かわ》り、飛行機は一瞬高く吹き上げられたかと思うと、次は奈落の底に突き落《おと》され、前後左右にはげしく揺れるので、五本の指がメリ込むほど力をこめて操縦桿を握りしめた。時が経《た》つにつれ空腹を感じ出したので、サンドウィッチを出して食べようとすると、馬鹿《ばか》ていねいに包装してある紙がなかなか取れないので、山羊も食べる紙だからまさか毒にはなるまいと思い、包装紙もろとも食べ、紙は唾といっしょに呑《の》み込んだがうまくなかった。それ以来サンドは苦手になり、チキンでも最高のクラブハウスサンドでも

＊平将門＝平安中期の武将で、朝廷から平氏の姓を授けられた高望王《たかもちおう》の三男平良将の子。平氏一族の間で始まった争いがきっかけとなって関東各地の国府を襲撃し、京都の朝廷に対抗して「新皇」を自称した。東国の独立を標榜《ひょうぼう》したため、朝廷に討伐された。

余程《よほど》でなければ手が出ない。

◉営倉に入れられる

ベルリン郊外の空港テンペルホーフを離陸し、一路モスクワに向け飛び立ったが、しばらくして発動機がブスブス変な音をたて出したので不時着を決意し降りた所が運悪くベルギーの、事もあろうに陸軍の練兵場で調練の最中であったから、いや応なしに僕は営倉にぶち込まれた。国際法により君の飛行機は捕獲没収すると言い渡された時は、まさに霹靂《へきれき》*の声、死刑の宣告であった。ここまで来てこれですべての計画は破れ、水泡《すいほう》に帰するかと思うと情けなくて涙が出た。テンペルホーフの空港へ不時着を知らせてほしいといくら懇願しても聞き届けられないので観念した。しかし土壇場に来ると人間はいろいろ智恵《ちえ》が働くものである。その日の朝刊に高松宮殿下*と妃殿下お揃《そろ》いでベルギー皇帝閣下を御訪問されている記事を思い出したので、思い切って殿下に救援を求めたところ、小一時間足らずで営倉から出してくれたうえ、燃料を満載、おまけにご馳走《ちそう》を振舞《ふる》ってくれ、無罪放免となった。こんな嬉《うれ》しいことはなかった。地獄で仏というのはこのようなことと有難く深謝申し上げた。越えてその翌年、高松宮両殿下はアメリカを御訪問後帰朝遊ばされる折り、僕はカリフォルニア

＊霹靂＝急に雷が激しく鳴ること。「青天の―」。その音。大きな音。

＊高松宮殿下＝1905（明治38）年、大正天皇と貞明皇后の第三皇子として誕生された。今上天皇の叔父に当たる。善作が渡航した際は25歳で、1987（昭和62）年に82歳で薨去《こうきょ》された。

の洲境まで飛行機でお迎えし、御召し列車の上を低空で何度も旋回したのち、五色のスノーボールを投下し、万分の一のお礼のしるしとした。

◉神の片鱗《へんりん》

霧は飛行にとっては今も昔も難物である。シベリアで目の前のコンパスが見えないくらい、文字どおり一寸先《さ》きは闇《やみ》の濃い霧に何度も出遭《あ》った。その都度《つど》地面すれすれまで下降したり、輝く雲の上へ昇ったり、いろいろにして霧から逃れるため努力した。何一つ見えず、天上天下自分一人であると感じた時ほど淋《さび》しいものはなかった。平素はそこに家族や友人知己《ちき》、猫や犬などがいてくれるので偉そうに振舞《ふるも》うているのだが、一度独りぼっちの自分を見出した時は自己の無力、非力を知り、耐えがたい孤独の淋しさを痛感し、何か大きな力にすがりつきたい気がおきた。しかしやがて霧も晴れ、地面が木が見え出し、遙《はる》かに山など現《あら》われると、今までの気持ちはいつの間にかこれまた雲散霧消し、偉大な力にすがりたいと念じた敬虔《けいけん》な気持ちも忘れ去るのであったが、自己のほかに偉大な何者かの存在を認めたあの気持ちを、いつまでも持ち続け得る者を信仰を得た人というのではなかろうかと思う。希《ねが》わくば自分もあの時の気持ちをいつまでも持ち続け得る人間になりたいものである。「一年有半」の著者、明治の文豪、中江兆民*は無神論者と聞いているが、果《はた》して死の瞬間まで神も仏も信じなかったであろうか？認めなかっただろうか。もしそうであるなら、彼は或《あ》る意味で意志の強い立派な人物である。

◉すまなく思い悔いている

「赤い翼」の主人、ジャップのボーイが小型飛行機で母国訪問飛行をするうわさが広がると、パサデナ市（僕が住んでいた町）の旧教の信者で、会ったことも見たこともない人たちが、異教徒の僕の成功をお祈りして下さったばかりでなく、数々の途中安泰の護符を下さったことは、まことに嬉《うれ》しいことであった。そのような親切に対し、僕は帰米後そのことをすっかり忘れ去り、何の挨拶《あいさつ》もせず、一言のお礼の言葉も申上《もうし》げなかったことを至極後悔しており、思い出すたびに胸が痛む。

◉あれでよかった

僕が母国訪問飛行をやった一九三〇（昭和五）年の同じ夏、報知新聞社*と雑誌キング*の社長野間清治氏は、ベルリン―東京間の連絡飛行を計画され、操縦士は年若い吉原清治君が選ばれた。

＊中江兆民＝明治期の日本の思想家、ジャーナリスト、政治家。フランスの思想家ルソーを日本へ紹介し、自由民権運動の理論的指導者となったことで知られる。

＊報知新聞社＝明治から戦前まで日本で発行されていた日刊新聞。郵便報知新聞が前身。明治末から大正期にかけて「東京五大新聞」の一角を占め、箱根駅伝も創設した。戦時中の新聞統合で読売新聞社と合併した。

＊雑誌キング＝大日本雄辯《ゆうべん》會講談社（現講談社）が1924（大正13）年に発刊した大衆娯楽雑誌で、57（昭和32）年に廃刊した。

ベルリンですべての準備が出来上《あが》ったので、僕は一足先《さ》きにテンペルホーフの空港をたち、吉原君より一日前にモスクワに着き、日本大使館でお寿司《すし》などのご馳走《ちそう》にあずかった。宿はクレムリン宮殿の前あたりにある外人専用の豪華なホテルであったが、どうしたことか夜通し南京虫《なんきんむし》に攻められて眠られないまま僕はこんなことを考えた。同じ飛ぶのでも、記録とか競争の場合なら寸秒の争いに生死を賭けることもあるが、自分のやっている今の飛行はもちろんそのようなものではなく、また誰の後援でもなく、すべての費用は妻と二人の貯蓄を使ってやっている勝手気ままな空の漫歩とでも言いたい飛行であるが、吉原君の立場は違う。もしこのまま僕が一足お先《さ》きに日本へ着くとしたなら、新聞社も体裁は悪かろうし、殊《こと》に吉原君の面目は立たないのではあるまいかと、余計な事が馬鹿《ばか》に気になりよく眠れなかった。いろいろと考えた末、明朝の出発を取りやめることにした。翌朝ベルリンから飛来する吉原君を空港に出迎え、故障の修理を手伝い勇ましく離陸するのを見送りほっとした。昨夜来僕が何を考えたかは、元より吉原君も野間社長も誰も知らないことである。僕より一日先に日本に着いたことが、果《はた》して同君や関係者にプラスしたかマイナスであったか知るよしもないが、あれから三十三年の歳月を経た今日、あの日のことを思い浮かべてやっぱりあれでよかったと僕はひとり喜んでいるのである。

モスクワのクレムリン宮殿。善作は宮殿近くのホテルに宿泊した

◉金の延棒《のべぼう》

モスクワの豪華なホテルの一室で明日のスケデュール*を考えていると、大使館の運転士に連れられ、みすぼらしい一人の中年婦人が訪れて来た。来意を聞くと彼女は元侯爵夫人であったが、皇帝一家が殺されたあの革命の折、夫も殺され邸宅も没収された。その折、庭の柏《かしわ》の木の下に金の延棒《のべぼう》十八本を埋めて逃げた。現在は将校クラブになっており、時折《ときおり》、通りすがりに見ると柏の木も元のままであるから、埋めた品も無事だろうと思う。今夜掘ってここへ持ってくるから、ハルビン*のキタイスカヤ街に住んでいる妹へ届けていただきたい。もし届けて下さると、その内の半分はお礼の印として貴君に差し上げるが、お聞き届け下さいと懇願するのであった。

何だか夢物語のようであり、棚からボタ餅の落ちて来るようなうまい話である。ロシアに入る折、スモレンスク*の空港の税関でピストルや絹物を持っていないかと一度調べられた後、一度も調べられなかったので、一つ相談に乗り九本の金の延棒を頂戴してやろうかと食指大いに動いたが、日本大使館で何かの話の折、ここで使っているロシア人のほとんどはスパイと思えばよいと話されたことを思い出し、もしこの女がスパイであると、折角ここまで来て飛行もや

＊スケデュール＝スケジュール。

＊ハルビン＝中国の最北東部では最大の都市。ロシア国境から近い場所に位置する。

＊スモレンスク＝ロシア西方の都市で、モスクワからは西南西へ360キロ。ヨーロッパからロシアへの通り道に当たり、歴史上、何度も攻撃にさらされた。

めなければならないだろうし、そのうえ大恥をかき日本人の面汚《つらよご》しとなる。ご声援下さっている日本の人たちや、アメリカの在留同胞のみなさんにも申しわけのないことになると突差《とっさ》に考えて申し出を断った。ハルビンに来るまで一度も税関の取《とり》調べがなかったので、おしいことをしたと思った。十八本の金の延棒は今も柏の木の下で眠っているであろうかと、未練がましいがまだ気になる。

◉終《お》わりに当たり

飛び石伝いの空の漫歩飛行が、果《は》たして日本の民間航空界を刺激したか、寄与したか知らないが、世界の航空界は長足の進歩をなし、今や宇宙飛行にまで発展し、月へいつ到着するかの秒読みに入っている折り、自分の記憶にもカビのはえた思い出などを書いて何になるのかと躊躇《ちゅうちょ》したのであるが、日本航空協会の御要望を素直にお受けして、薄らいだ記憶をたどり思い出を綴《つづ》ることとした。何かの足しになれば幸いである。

願わくばこの拙い作文を異教徒にお祈りして下さった加州パサデナ市の旧教の方々、ならびに四十三年の長い歳月、全身全霊を捧《ささ》げ、今春来不治のガン病で病床に横たわっている老妻に捧げたい。

回想 3

東善作君の逸話

北陸毎日新聞＊（現北國新聞）

1930（昭和5）年9月7～11日付

空のジプシーと自ら称して遠くロサンゼルスから飄々《ひょうひょう》として三大陸を飛翔《ひしょう》し、「空のスポーツ」を謳歌《おうか》し、世界の人々を驚かせたわが東善作君。幼き日の想い出を初秋の空に描きつつ、「東京号」の郷土訪問の日は近い。東君はかつて本社の記者たりし人である。君を迎えるに際し君が残した逸話の数々をたずねて、県民とともに君のためにブラボーを叫ぼう。

日本海の怒涛《どとう》が打ち寄せる羽咋郡一ノ宮村の東家の次男坊として生まれた東君は、幼年の折、同村西教寺の住職竹津義学師の養子として精舎《しょうじゃ》＊に育ったが、お経は聞くのも嫌い、村一番のわんぱく者であった。そんなため、また東家に戻されてきたが、少年時代から負けることの大嫌いな強情者で、相撲を取っても自分よりか大きい者に飛び付いて負けてもしがみついているという性で、村

この回想は1930（昭和5）年9月7～11日付の北陸毎日新聞朝刊に掲載された連載企画「東善作君の逸話」を抜粋し、手直ししたものです。

＊北陸毎日新聞＝前身の北陸新聞は1907（明治40）年に発刊された。18（大正7）年に石川毎日新聞と合併し、北陸毎日新聞と改題。1893（明治26）年発刊の北國新聞社が1940（昭和15）年、北陸毎日新聞社を吸収し、北國毎日新聞となった。北國毎日新聞は50（昭和25）年、北國新聞に復した。52（昭和27）年発刊の北陸新聞とは別法人。

＊精舎＝仏教寺院

の少年たちから鬼のように怖がられていた。そのころの学友で一ノ宮尋常小学校からさらに羽咋高等小学校まで机を並べて勉強した同窓生が金沢市にたった一人いる。それは市内横安江町別院前の金城時計店の西山君である。少年時代のけんか話を聞いて訪れると、西山君はピンセットの手をとめて二十五年前の昔を語る。

「偉い人は少年時代から違いますね。東君ときたら、子どもの時から腕力のあるやつで、私たちも驚いていましたよ。遠足に行っても、みんなが危ないと追って怖がっているところでも東君は意地になって『何だ、こんなところが怖くてどうする』と飛んでいく性分でした」

さらに西山君は「そうそう面白い逸話がありますよ」と言って、世に知られざるわんぱくと冒険の物語をしてくれた。

◉大の男に飛びつく腕力

「東君のたしか十四歳の頃ですよ。学校から帰ってくると、家の中へかねて

(二) 昭和五年九月九日 水曜日 北陸毎日新聞

車夫時代の寫眞の裏に
「失意ノ時代ヲ忘ルナ」の自署
妹さんから受取る日の感懐如何に
東善作君の逸話 (2)

客自動車に衝突され
機關車自由を失ふ
昨夜、高岡附近の珍事
乗客運轉手三名輕傷を負ふ

東善作氏は
十日中に金澤着か
今午前、第九師團へ

人見選手等活躍
日本、二點を獲得
女子オリムピック大會

タコマ市號青森へ向ふ

滑走路の工事開始
二百二十日を控へて
天氣がうまくゆ

酒飲みで村でも評判のよくないやつが来て、お父さんをいじめていたのです。ところが、東君はくだんの男に飛び付いて外へ押し出したものです。さすがの酒飲みも東君の勇気に恐れて逃げ出したということです。これは実話で、今でも村では大評判ですよ」

一少年が大の男に飛びつく腕力はさすが後日、空の世界を征服する勇者だけある。

彼が幼年時代から庭の木陰や浜辺の砂原で、一緒になって遊んだ実妹の雪子さんが嫁いでいるのが金沢市広坂通り四高前の堀田文具店だ。雪子さんは肉親の愛も、名誉の喜びにうれし涙を浮かべ、幼き日のことを語った。

「そうね、私は兄妹の中でも一番善作と仲が良かったのですが、子供の時からきかない子でした。今でも記憶していますのは兄が十二歳、私が七歳くらいの頃、庭でままごと遊びをしていた時、兄が『雪や、おまえがこの世で一番ほしい物は何か』と聞くので『お金が欲しい。それで羽子板を買う』と言ったら、『ばかなやつだな。わしは金なんかほしくない。名誉がほしい』と言って、それを横で聞いていた父から『善作、おまえはいつもでかいことばかり言っている』と叱られましたので、今も覚えています」

十二歳の少年にして既に金より名誉がほしいと言った東君は、幼年時代から雄心《ゆうしん》実に勃々《ぼつぼつ》たるものがあったのだ。

東善作君は少年時代より青雲の志を抱き、車夫となって苦学した風雲児だけに、エロ百パーセントなどと親のすねをかじった金で、カフェー巡りをやっている今の青年学生には想像もつかぬ幾多の立志美談がある。

◉苦学ぶりが美談に

東君が岡山中学*四年の時のことである。客を待っていたが、なかなかない。そんな時にはいつも腹巻きのポケットから英語のリーダーを出して読みふけるのである。その夜も車の踏み台に腰を掛けて、一心に単語の発音を練習しているも、後ろから「もしもし車屋さん」と若い女の声がした。振り返ってみると、若い一人の美人がじっと善作君を見つめているではないか。

「まあお勉強ですね。××町までやってちょうだいな」と言うので、その夜は何事もなく美人を乗せて勢いよく駆けだした。その美人は当時、岡山市内で名《めい》妓《ぎ》とうたわれた美枝子という一流株の姐《ねえ》さんで、そのころ美枝子は岡山の某新聞から依頼されて「芸妓《げいぎ》生活記」を書いていたが、この東少年の苦学ぶりにすっかり感心して、美談を書いたのであった。美枝子の書いた苦学生美談を読んで感心したのは当時、岡山財界の大御所といわれた杉山岩三郎*氏である。杉山氏

*岡山中学＝岡山中学となっているが、正しくは私立関西中学(岡山市)。

*杉山岩三郎＝明治期の実業家。第二十二国立銀行取締役、中国鉄道社長、岡山商工会議所初代会頭などを務めた。

は早速、東君を自分の家に引き取り、一切の学費を出して中学を無事卒業させたのであった。

しかし、その杉山家に一人の美しい娘があって、ゆくゆくは善作を婿《むこ》として迎えたいという希望を持っていたが、十二歳の少年時代から金より名誉がほしいと豪語した麒麟児《きりんじ》は「杉山さんの恩義は忘れないが、財産と女に目がくれて自由の活動を束縛されてたまるものか……」と杉山家を飛び出したと言われている。巨万の富と美しき女性を一蹴した東青年は当時二十二歳で、さらに外国語学校に入学し海外に雄飛せんものと考えたが、肝心な学資がなかった。

また彼が苦学して本社記者となった二十四歳頃は、破れて五十カ所あまりきれを縫いあてたぼろ袴《はかま》をはいていたが、いつも平然として「俺がこの袴で東海道を通ったら関所なしだよ、五十三ツグは袴にあるかも」と皮肉を言って笑っていたという。その五十三ツグ袴は、今なお妹の雪子さんが大切に保存しているそうだ。

その後、生まれて初めて紺の背広服を買ったが、大事なネクタイの結び方を知らなかったので、その結び方を教えたのが当時の本紙主筆市川潔氏の夫人わか子さんであった。

市川氏を金沢市助役室に訪れると、「東君は家内にネクタイを結んでもらっ

北陸毎日新聞 夕刊

東飛行士講演會
今晩六時半、於市公會堂
本社主催

あゝ「紅翼」秋空を衝いて
英雄兒、晴れの故郷入り
万歳、歡呼、感激渦巻く野村原頭
悠々と市の上空を二度旋回飛行して
東善作氏午前十一時九分着陸

寫眞説明 (上)東飛行士に本社より花束贈呈 (中)練兵場へ着いた両親 (下)寛いだ東氏と親類の人々

ステートメント

勇士、老父の手を握り
親も泣き子も泣く
實に十四年振りの劇的對面
感極まつて歡迎者にも涙

「たゞ涙あるのみ」
本社を通じステートメント
花束に埋り旅館へ

エンヂンに故障發見
能登訪問は十三日
今夜は終列車で一ノ宮へ
東氏、今後の日程

われらが東、萬歳!
「盛大な歡迎を感謝する」東氏
盛大な歡迎會

一ノ宮の砂丘に寝轉で
静かに昔を思ひたい
本社記者を懐しみつゝ
東善作氏語る

妹さん達とは
旅館で漸く對面

小學生を初め
一万の歡迎群衆

善作の故郷入りを報じる1930年9月11日付の北陸毎日新聞夕刊

て、関係者五、六名の寂しい見送りで金沢駅を出発した東君が今、七千万日本国民の歓迎で帰朝するとは夢にも思いませんでした」と市川助役の顔にも包みきれぬ喜びが浮かぶのであった。

回想 4

故郷に帰って

東　善作

ただ今、ご紹介にあずかりました、私が東善作であります。今からちょうど十五年前、アメリカに渡りましたが、ちょうど私は浦島太郎の子供とまではいきませんが、浦島太郎の孫のようなものであります。向こうでは、白人ばかりの中に住んでおりますす関係上、店の者、あるいは私の家内に暑いとか、寒いとか言う以外にほとんど日本語は使わないので、私の申し上げる言葉は怪しい日本語であります。どうか我慢していただきたい。

それからもう一つ、私は渡米以来、長らく肉体

日本各地を講演行脚《あんぎゃ》した善作

労働をやっておりましたので、ご覧の通り、顔はこの通り真っ黒で、手の指の節などもこの通り太くなっております。私は渡米以来、シャベルを持ったり、鍬《くわ》を持ったり、また、皿洗いをやったり、ありとあらゆる肉体労働をしていたのですから、このような高い演壇に立って、皆様に向かってお話などをしたことは一回もありません。ですから、私の申し上げることに支離滅裂、前後の整わぬものもあります。是非話をしろと言われるのでありますから、今回の飛行の経過と目的について、二、三、お話し申し上げることとします。風邪をひいておりますので、水を一杯頂戴いたします。（笑い声起こる）

さて私は今年の六月、ロサンゼルスを飛び出したのでありますが、必ずしも三大陸横断飛行は、何も私をもって嚆矢《こうし》*とするものではありません。私の友人に後藤正志*という青年がいた。この友人は大分県の青年でありましたが、私以上に、ひどい肉体労働をしていたのであります。諸君たちのうちにはアメリカへ親類の方が行っておられるとか、あるいはまた海外に出ている方がありましょう。そうして錦を飾って国へ帰られた人の話を聞かれたでしょう。

◉「米国は儲《もう》かる国」はうそ

アメリカは金の儲《もう》かる国である、金の茶釜もどこかその辺に転がっているよ

この回想は1930（昭和5）年9月13～19日付の北陸毎日新聞に掲載された「故郷に帰って・東飛行士講演会速記」の一部を抜粋し、不明瞭な部分は手直ししたものです。

＊嚆矢＝物事のはじめ。

＊後藤正志＝大分県杵築《きつき》市（旧大田村）出身の飛行家。1896（明治29）年に生まれ、米国で飛行士の試験に合格して飛行機を自作する。1929（昭和4）年、世界三大陸の横断飛行中にロッキー山脈に不時着して死亡。

うに考えられるかもしれませんが、アメリカのどんなところを探しても、金のなる木はありません。梅が枝の手水鉢《ちょうずばち》もないのであります。皆、額に汗水を流した結果の結晶として、国に錦を飾ることとなるのであります。もし、その人たちが諸君の前にアメリカは豊かな国だ、金のもうかる国だ、毛布を敷いて寝ていても金がもうかるところだ、というような人があれば、その人はうそつきであります。

私の友達の後藤君は、朝は早くから、夜は遅くまで働いていたのであります。ガーデンウオークをやっていたのであります。これは白人の家の庭園の草取りや水まきをする仕事で、これはとてもつらい仕事の一つであります。そうしたつらい仕事をやりつつ、後藤君は渡邊《わたなべ》という青年と一緒になって一機の飛行機を作ったのであります。もとよりモーターとかタイヤなどは買ったのでありますが、翼や胴体は自分で作り上げたのであります。彼は勇んで昨年、ロサンゼルスを出発したのであります。

そうして忘れもしません。七月四日でありました。この日はアメリカが英国から脱した独立祭の当日であります。アメリカの大祭日であります。白人が喜び祝うその日、私は一通の電報を受け取ったのであります。開いてみると「後藤正志はワサチの山中に墜落死す」とありました。同地はロサンゼルスから五

後藤が越えられなかったロッキー山脈

十里*の地点にあるのであります。後藤はワサチの山に落ちて死んでしまったのであります。私は後藤のひつぎを前にして、こう誓ったのであります。「よし後藤、君も自分も終局の目的は故郷に帰って、懐かしい日本人に会うことである。君は不幸にして、むなしくロッキーの露と消えたが、来年の今頃を期して俺が必ずやってみせるから、今成仏《じょうぶつ》できなかったら成仏しなくてもいい。その辺りで迷っていればよい。俺がもし東京に着いて日本国民に相まみえた時、初めて成仏しろ」と彼に誓ったのであります。（大拍手）

◉飛行は後藤と「同行二人」

今夕、この演壇に立ちましても、後藤は私とともにあるような気がするのであります。方々の飛行場に参りまして「東、おまえのマスコットは何か」と聞かれるのであります。飛行家と言うのは、いろいろなマスコットというものを持っているのであります。人形であるとか、あるいは犬の頭とか。しかしながら、東は左様《さよう》な風流を解する者ではありません。唯一の私の飛行眼鏡のひもに書いてあるところの「同行二人《どうぎょうににん》」*。これはいずれも西国巡礼をまねして書いたのではありません。死んだ後藤とともに飛行する、いささかなりとも後藤の霊をなぐさめてやりたいと思って、書いてあるのであります。これが私のマスコット

*五十里＝約200キロ。

*同行二人＝西国巡礼者らがいつも弘法大師とともにあるという意で、巡礼笠などに書き付ける言葉。

なのであります。後藤に誓ったというものの、何かをやるには、外国にいても日本にいても先立つものは金であります。金がなかったとなれば、大きな事をいってても何にもならないわけであります。それでいかにしてその金を作ろうかと考えたのであります。

私のただ今おります所はパサデナという所でありまして、ここはロサンゼルスから約五里*の所にあります。この地はカリフォルニア、アメリカ中にいても一番景色のよい、空気のよい土地でありまして、百万長者の別荘地であります。私はそのところに目を付けて、レストランを始めました。私の現職は飛行機乗りと何の縁もゆかりもない、レストランのおやじであります。実は諸君の前に立って、このような高いところからお話しすることは恥ずかしいのでありま す。気後《きおく》れしてならんのであります。

◉大金はたいて飛行機買う

とにかく私はこうして一生懸命に働いたのであります。活動写真も、芝居もすっかり抜きにして、働けるだけ働いたのであります。飛行機は一万三千ドルを投げ出して買ったものであります。私はとにかく働き続けた結果、アメリカの金で一万三千ドルを握ったのであります。私は現金を手につかむと、こちら

*五里＝約20キロ。

の新聞では「善作は孝行息子である」などと言って書き立てられているのでありますが、実は私はそれを甚《はなは》だ恐縮しているのであります。私は至って親不孝者なのであります。ことにアメリカに渡って、飛行機について研究してから、なにぶん十年前は飛行機について習う授業料は一時間六十ドル、日本の金にしてみますと百二十円であります。私があの六十ドルという金をもうけたか不思議でならないのであります。とにかく十年間、飛行界に身を投じてきたのであります。

久しぶりにまとまった金を握ったのでありますから、長らく不幸をしていた故郷の両親に小さな家の一軒でも建ててやって、住まわしてやりたいという野心が起こったので、私は早速、国の両親に手紙を書いて出しましたが、その返事では

「三人の男の子を持っているが、徴兵では籤《くじ》で逃れ、あるいは何とかかんとかといって、国家のご用を務めることは何一つできなかった。聞けばおまえは飛行家となっているそうだ。日本でも飛行術が流行しているから、おまえの腕を持って何ぞお国のためになるようなことをやってくれ。私らは老い先の短い身体だから小屋に住んでいても結構だ。そんな心配はせずともよい」というものでした。

善作（左）の理解者だった寿々と写した記念写真

それで私は早速、両親からの手紙を示して家内と相談したのであります。ある人が「東、君は日本に来て家内、家内と連発するが、日本では家内、家内と言えば、鼻の下の長い男と思われるのだから気を付けろ」と注意を受けました。（笑い声起きる）

しかし諸君、私のもうけた金は私一人がもうけたのではなく、家内と共働きでもうけたのであります。ですから家内、家内と言ったところで少しも差し支えないように考えられるのであります（拍手）。とにかく家内と相談したのであります。

家内は故郷よりの手紙を見て、私の計画に喜んで賛成してくれたのであります。その飛行機会社は私の長らく知り合いでもあり、私の意思あるところを理解してくれ、非常に安くまけてくれたのであります。それから私はいろいろな準備に取り掛かったのであります。この飛行は六月に飛び出したのでありますが、約三カ月前までは固く計画を秘密にしていたのであります。

なぜかと申します。私自身が勝手に飛んでいくのであるから、何も他人様に

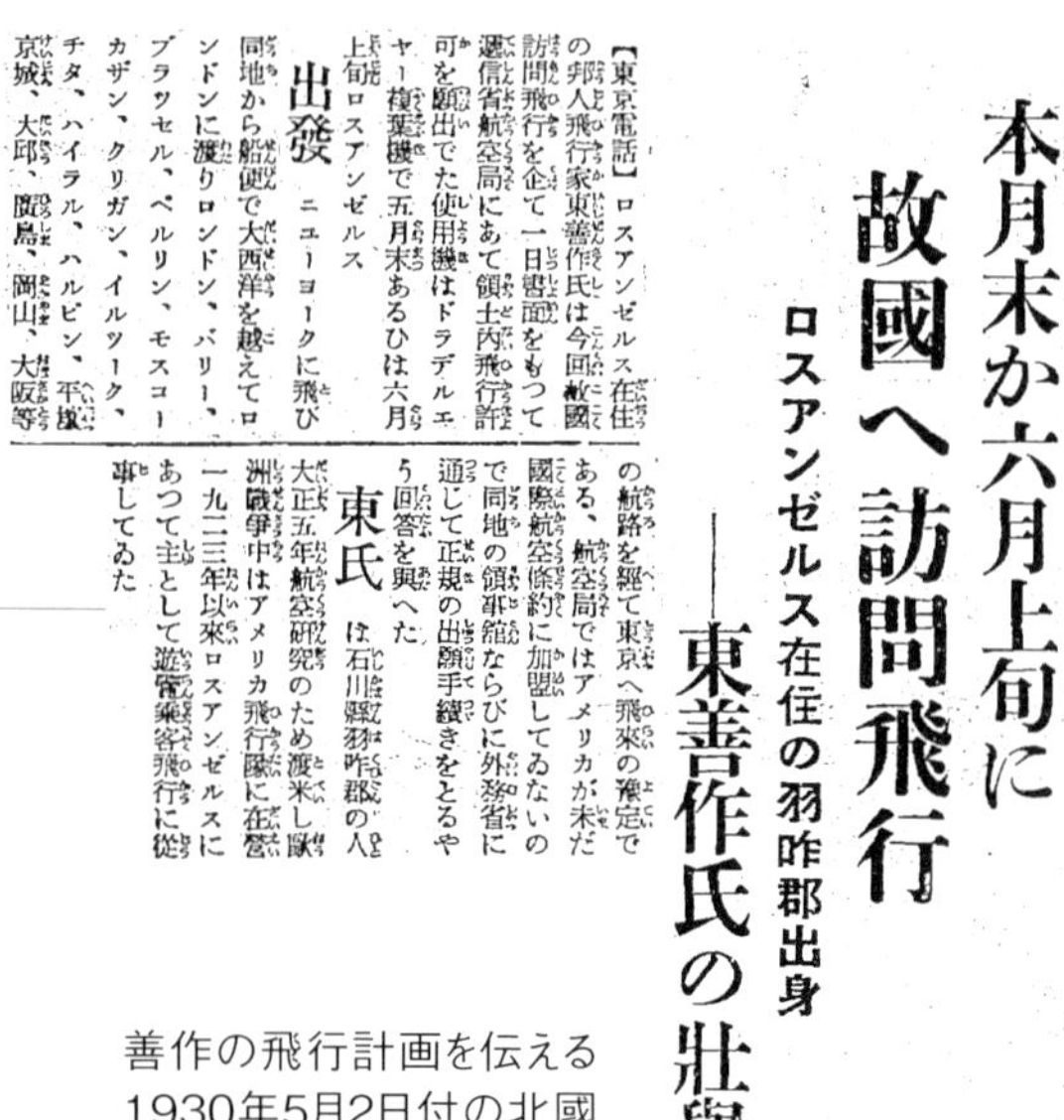

本月末か六月上旬に
故國へ訪問飛行
ロスアンゼルス在住の羽咋郡出身
——東善作氏の壯擧

【東京電話】ロスアンゼルス在住の邦人飛行家東善作氏は今回故國訪問飛行を企て一日書面をもつて遞信省航空局にあて領土内飛行許可を願出でた使用機はドラデルエヤー複葉機で五月末あるひは六月上旬ロスアンゼルス

出發 ニユーヨークに飛び同地から船便で大西洋を越えてロンドンに渡りロンドン、パリー、ブラツセル、ベルリン、モスコー、カザン、クリガン、イルツーク、チタ、ハイラル、ハルビン、平壌、京城、大邱、廣島、岡山、大阪等の航路を經て東京へ飛來の豫定である、航空局ではアメリカが未だ國際航空條約に加盟してゐないので同地の領事館ならびに外務省に通じて正規の出願手續きをとるやう回答を與へた

東氏 は石川縣羽咋郡の人大正五年航空研究のため渡米し歐洲戰爭中はアメリカ飛行隊に在營一九二三年以來ロスアンゼルスにあつて主として遊覧乘客飛行に從事してゐた

善作の飛行計画を伝える
1930年5月2日付の北國
新聞朝刊

迷惑をかける必要はない、迷惑をかけるのは嫌だと思って厳重に秘密にしておりましたが、どこでも新聞社の人は耳が早くて（笑い声起こる）、どこからか私の計画を聞き知り、新聞に盛んに書き立てたのであります。東君がそんな計画を立てているのならば俺も一円、僕も五円、いや僕も三円と知らない人々からたくさんの金を新聞社に送ってくれたのであります。そうしてその金が何でも数千ドルに達しました。私は涙が出るほどありがたかったのではありますが、しかし先にも申しましたごとく、アメリカにいる我ら同胞は私以上に額に汗を流して働いた尊い金であるので、私は受けるに忍びないのであります。もう一つは私自身の力でやってみようと、私はその金を受け取ることをお断りしたのであります。

◉75歳でも飛行免状取る国

私はアメリカに一番長くいた関係上、アメリカのお話を述べさせていただきます。アメリカの飛行界は一言にして申しますと、驚くべき発達を示しているのであります。一例を申し上げますと、私がこちらに参ります約一週間前、これはどこへ参りましても話しておりますことで、実はかびの生えた話でありますが、飛行免状を取った一人の生徒がおりました。彼は昨年の四月、初めて飛行学校に入学したのであります。私も三、四時間教えてやったことがあります。その人はミスター・アッパーという方で、驚くことなかれ、七十五歳の誕生日に飛行学校の免状を取って、今や盛んに大空を駆け回っているのであります。

ここにおられる人々をミスター・アッパーに比べてみると、すべて飛行免状を取って盛んに飛行のできる資格のある人々ばかりであるように拝見できるのであります。それから去年の十一月と、今年の四月に大きなモーターが三つもついている飛行機がぶつかって、六人が落ちて惨死したのであります。当地の新聞はないこと、あることを、拳骨《げんこつ》のような活字をもって書き立てたのであります。早速、その飛行機会社に行って、旅客帳簿を見た。今まで申し込んだ客のうち、誰か一人でも申し込みを破約した人があるかと会社の人に尋ねました。破約した乗客は一人もなかったのであります。それら乗客のうちには婦人の方もあり、老人の方もあったのです。しかしながら、こうした大惨事があったにもかかわらず、一週間も毎日毎日、新聞が書き続けたにもかかわらず、ただの一人も破約した人はなかったのであります。

諸君、これはアメリカの人たちには、もはや飛行機というものは危険なものだ、いつ墜落するかもしれぬ恐ろしいものであるという

北國新聞
けふ羽搏き雄々しく
大阪から一番機飛來
地方文化の進展に一大飛躍
愛國金澤飛行場
待望の金澤空港開航
處女コースを飛ぶ
中島フォッカー機六人乘
午前九時三十五分着陸
航空界の進歩發展を祈る
巣立つ鵬翼
けふ世界注視
歷史的日英會

現在の金沢市東蚊爪町にあった愛国金沢飛行場開設を報じる1939年7月15日付の北國新聞朝刊。石川での民間機就航は同年まで待たなければならなかった

ような観念は過ぎ去ってしまって、飛行機というものに対して、よく理解を持っているということを立派に証明しているものではないでしょうか。私はその乗客帳簿に一人の破約者のないのを見て、日本の人たちがこれだけアメリカの人たちのように飛行機というものに対して理解があるのであろうかと考えたのであります。

◉日本人の体面保ち高級ホテルへ

物の進歩、発達というものは一般民衆のよき理解によって発達するものではなかろうかと私は考えるのであります。いかにわが国の陸海軍がたくさんの飛行機を持っているとしても、国民諸君の理解と鞭撻《べんたつ》がなかったとなれば、決して世界の一等国と並んで進むだけの飛行機はできないのであります。（拍手）

外国へ旅行なさった人は経験がおありのことと思いますが、足一歩、日本を去ると、一番頭にぴんと来ることは、俺は日本人であり、日本国民であるということであります。私も今回の飛行機旅行に際しても、通過各国のいろいろなホテルに泊まりましたが、私はいつも日本人の体面を保つ関係上、大きなホテルに泊まったのであります。懐中の具合からいうと、そんなホテルには泊まれないのですが、俺は日本人であり、日本人の体面を汚すようなことはできないというような観念から、いつも一流、あるいは二流のホテルに泊まったのであります。宿料を払って泊まるのでありますから、後は野となれ山となれで、布団を蹴って出てくればよいような訳でありますが、後でホテルの女中が来た場合のことを考えて、丁寧に片付けてきたのです。日本人が笑われるようなことがあってはならないという心から。そうしてあちらの旅館の人たちからは、あの日本人は飛行機を持って世界を旅行するのだそうだ。そうするとあの日本人は富豪の息子であろう、飛行機を持って世界旅行とは大したものだと、私を百万長者のお坊ちゃんか何かのように思われていたのであります。

実際、私は飛行機に乗って各国を飛び回っているので、そういうように考えられるのも無理はないのです。実に私は心苦しい次第でありますが、こんなことからして、より一層日本人という体面を傷つけぬよう心掛けねばならぬ訳です。それから私は、その日の飛行が終わってホテルに入ると、何をおいてもまず風呂に飛び込むのであります。そしてその日の疲労を洗い落とすこととしているのであります。油と砂塵《さじん》で真っ黒になった体を浴槽で洗うのですから、バスタブのそばが真っ黒になってしまうのです。汚れたまま放っておいても良いようなものですが、私はいつもその汚れたバスタブのそばをゴシゴシとせっけんを付けて洗い落としてきたのであります。日本人の名を辱《はずかし》めるようなことがあってはならない、俺は日本人だ、こういう考えが頭から去らないのであります。で、こんな細かいところにまでも気を配ることとなるのであります。これは余談でありました。

◉米国人女性の結婚申し出に驚く

それからニューヨークに着きました時、ホテルに入ってその日の飛行の疲れを自室で休めておりますと、ドアをノックする者がありました。ご承知の通り、部屋には障子《しょうじ》や唐紙《からかみ》の戸はありません。厳重なドアでありまして、私の部屋に入るにはその訪問者がまずドアをたたいてノックしてですね、私が入ってもよろしい、つまり「カムイン」といえば入ってくるのであります。で、私は「カムイン」と申しました。(笑い声起きる)私のお入りという声とともに入ってきた人を見ると、容姿花のごとく、芳紀《ほうき》まさに二十二歳の、これは後で聞いたことでありますが(笑い声起きる)、婦人がいらっしゃったのであります。

私はご婦人に会うと困るのであります。(笑い声起きる)とにかく来意をうかがいました。そのご婦人は妹さんを連れておられました。妙齢の婦人はいろいろよもやま話の末、「私は一番日本人が好きだ」。こんな武骨な言い方ではありません。とても優しい言葉で言われたのであります。(笑い声起きる)遺憾なが

金沢出身の化学者高峰譲吉が晩年住んでいたニューヨークの邸宅。善作が立ち寄った頃は高層ビルはなく、このような建物が並んでいたとみられる

ら、私は声が枯れておりますので、今そのまねをすることができないのであります。（笑い声起きる）とにかく、そのご婦人は日本人が大変好きだ、日本の美術に憧れを持っている、日本の着物もたくさん持っているなどと言って次から次へといろいろな話が出るのであります。私はその話を聞いていながら、飛行の疲れもあるので、少しもその話に興味が起きず、もう帰ってくれてもよさそうなものだと心の内で思っていたのであります。そうしてその婦人は話がだんだん尽きてしまってきているにもかかわらず、帰ろうともせず、もじもじとしていたのであります。

しかし、最後にそのご婦人は意外なことを言い始めたのであります。しかも妹を前に置いて、向こうの人は何でもざっくばらんです。父の前であろうが、誰の前であろうが、自分がなす事について正しいと思えば、何ら恥じるところなく、正々堂々と主張されるのであります。婦人はこう言われたのであります。

「ミスター東、私はあなたが大変好きだ」

こうおっしゃるのだ。甚だ恐縮千万なお話ですが、こうおっしゃったのであります。（笑い声起きる）日本の国柄が好きだ、そうして君のような勇敢な日本男子が好きだからとか、私のハズバンドになってくれないかと。（笑い声起きる）芳紀まさに二十二歳、しかも花のごとき容姿を持つご婦人からかくのごとき言葉を聞いたのですから、私は食指大いに動いたとでも申しましょうか、悪い気のしなかった事は事実ではありますが(笑い声起きる)、遺憾ながら私は六年前に結婚しているのであります。で私はそのことをご婦人に申し上げますと、間もなくお帰りになりました。

◉機上から見たさまざまな国民性

翌日の朝八時ごろ、私はいまだ寝ておりましたが、私のドアをノックする者がありますので、多分、宿のボーイでもやってきたのだろうと思って「カムイン」とやると、入ってきたのは驚いたことに昨夜の婦人で、私が慌てるのも構わず、「昨夜は遅くまで大変失礼しました。ところでそういう奥さんをお持ちであるならば、申し上げることはありませんが、ただしフレンドとしての範囲において付き合っていただいても奥さんは何も言われないでしょう。友であるあなたの前途を祝福し、幸福を祈る意味で、実は私の兄がロックフェラー研究所の研究員の一員として、支那(中国)や満蒙、朝鮮、インドなど方々を回って、いろいろ危険を冒しましたが、その出発に際し、自分の贈った指輪、これは兄が国に帰ると同時に渡してくれましたが、これは幸運に恵まれた指輪でありますから、あなたにお上げします」と言って、私の幸運を祈ってくれま

善作が困難な飛行を
強いられたシベリア

した。
　私はこのようなことを申し上げるのは甚だ失礼なのですが、何ら名も知らない婦人で、しかも銀行家であり、百万長者のお嬢さんから左様な好意を受けました。指輪は向こうに帰るまで持っておりますが、実はこれであります。（拍手、笑い声）
　こういう話を申し上げると、ブラブラきれいなべっぴんさんと遊んでいたようにお考えになるでしょうが、日本へ着くまでには霧の中、雨の中、三、四回死線を越えたのであります。オムスク、バイカル辺りではとても激しい雨風で苦しんだ。咫尺《しせき》を弁ぜず*と言う言葉がありますが、全く座席に座っておりましても、飛行機の翼の先が霧のため見えなかったことがあります。もちろん、地面なぞは見えるはずはないのであります。しかし、ロサンゼルスをたちました時、日本の神主様、向こうは大変開けておりまして、東本願寺、西本願寺、お稲荷《いなり》さん、三味線の張替店までありまして、大変発達しております。神主さんは、私に祝詞を挙げて大神宮さんのお札をくれました。これは私の荷物の中にありますが、以前申しましたごとき私の信念と、大神宮さんでまつってあるのだから落ちないこの飛行機はいかなる雨風になっても、決して日本へ行くまでは落ちないということを信じてい

＊咫尺を弁ぜず＝視界が効かず、ごく近い距離でも見分けがつかないこと。

ベルリン空港に到着した善作の東京号（左端の矢印）。他の飛行機と比べても小さい

たのであります。(拍手)

英国の飛行界、フランスの飛行界、ドイツの飛行界はとても想像も及ばない発達をしているのでありますが、飛行界のことは後に譲りまして、空から見た各国のお話を申し上げてみたい。

◉土地区画は米英で大差

アメリカは新興国であるだけに、土地区画は北に向かって大きく切ってあります。気持ちのよいくらい、大きく切ってあります。英国に渡りますと、英国は国が古いのと、それから国民がたくさんいるところの植民地によって食べている関係上、田んぼはなく、その代わりゴルフグランドなどが方々にあって区画整理がとても千差万別で乱れております。

ついでフランスへ入ってみると、これはイギリスどころではない。空から見ると三角に切ってあったり、四角に切ってあったりしてあって、土地の耕地整理を面白くやっております。フランスの人たちは世界で一番美術に発達している国柄であるから、多分お百姓さんにも美術思想が発達して、田んぼや畑の切り方まで美術上から割り出してやったものと思われます。私は美術なんかのことは知りませんが、近頃、三角や四角を並べて現代派とか未来派だとかいっておりますが、ちょうどフランスの畑はあんなようになっているのであります。

しかるに足ひとたびドイツに入りますと、ドイツはイギリスと同じくらい古い国のようですが、アメリカのように大きくはありません。整然とした、これは文明人のお百姓がやるところの切り方であると。空から田んぼを見ただけでもドイツ人に敬意を表さずにはいられなかったのであります。ポーランドやラトビア、リトアニアなどはまちまちでありまして、ここもお話する価値はありません。

◉山頂まで耕す日本人に敬意

日本に参りまして、広島や岡山をずっと飛行して参りましたところ、山の頂までこまめに開墾してあります。外国の文豪が日本人を評して、日本人はハチのような、ミツバチのような国民である、勤勉な国民であるということを評されたことを覚えておりますが、その田んぼの切り方、山の頂まで耕しているのを見て、いささか小さい、ちっぽけだということも考えましたが、ハチのような国民、勤勉な国民であるとの文句を思い出して、よくも山の頂まで耕していることに私は敬意を表さずにはいられなかったのであります。

善作がこまめに開墾したと評した日本の農地。その一例の千枚田＝輪島市白米町

5 1934−1967年

夢を追い求めて

善作が晩年に金鉱の再開発に挑んだ
宝達志水町の宝達山

日本で飛行学校設立へ始動

米国で歓迎行事や講演会が一段落した頃、善作は米国で暮らすよりも、日本に帰りたいと思うようになります。「このまま米国に滞在していても、平凡な日常を過ごすだけだ。日本の航空界発展の一翼を担うことができず、もどかしい」。41歳の善作は東京に拠点を移し、完成したばかりの羽田飛行場を拠点とした民間機のパイロットを養成する飛行学校を設立できないか考え、動き出します。

帰国したのは1934（昭和9）年でした。

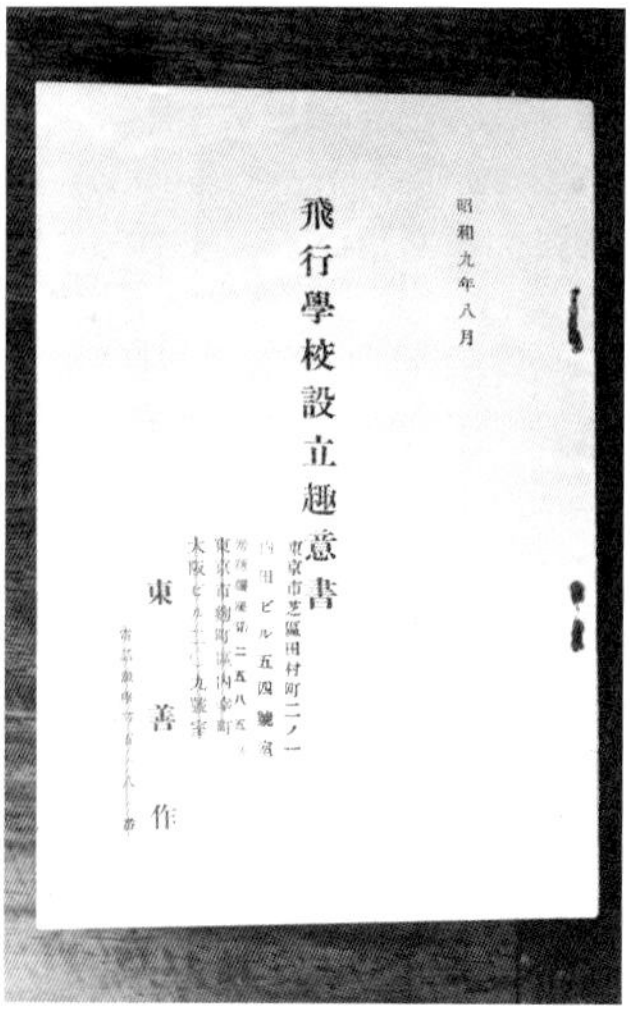
昭和九年八月
飛行學校設立趣意書
東京市芝區田村町二ノ一
東善作

飛行学校設立への出資を求める趣意書

善作は早速、飛行学校の趣意書を作り、関係機関で思いの丈《たけ》を伝え始めます。趣意書では飛行学校を開くのは羽田飛行場が適当とし、5年間で500人の操縦士と整備士を養成すると掲げたのでした。

しかし、時代は軍事色が少しずつ濃くなっていました。前年の1933（昭和8）年に日本は、「満州国」建国を巡って国際連盟の脱退を表明し、欧米諸国との対立を深め始めていました。民間機のパイロット養成学校の設立という話は前に進む空気はなく、足踏み状態が続きました。

林銑十郎の元を日参

頼みの綱としたのは郷土出身の軍人、林銑十郎でした。後に石川県出身者として初めて首相に就くことになる林は当時、陸軍大臣を退任したばかりでした。善作は羽咋の実家を通じて手に入れた郷土の味覚「こんかいわし」

を手にし、林の元に日参していました。

「清新明朗な加賀内閣誕生」。１９３７（昭和12）年2月2日付の北國新聞夕刊は、林銑十郎内閣の誕生を大見出しで伝えました。一面には「三閣僚を送り　石川県は歓びの頂点」と4段抜きの見出しが躍りました。善作も旧知の林が政界のトップに立ったことに歓喜します。航空学校の開設が実現できると期待したからでした。

故郷から衆院選に出馬

林は新年度予算を成立させた後、衆議院を解散します。善作も航空学校を設立するには政治の力が必要と感じ、１９３７（昭和12）年4月、故郷の石川2区（定数3）から衆院選に立候補します。

選挙のスローガンは「滅私奉公航空報国」。航空界の発展に力を尽くすとの思いからで、公約は「中央航空行政機関」の設立でした。当選に必要とされる地盤、看板、かばん（資金）の「3バン」はいずれもなく、完全無所属で打って出ました。

6人中、5番目で惨敗

得票は3103票で、出馬6人中、5番目に終わりました。トップ当選は柳田村（現能登町）出身の櫻井兵五郎で、北大海村（現宝達

善作が衆院選で用いたイラスト。時の首相だった林（右）も入れた

志水町）出身の喜多壮一郎、穴水町生まれで鹿島郡を地盤とした青山憲三が続きました。この時、後に衆院議長を務める益谷《ますたに》秀次が落選する波乱もありました。善作の得票は次点だった益谷の１万１６４６票を大きく下回る惨敗でした。

林退陣で足掛かり失う

善作が歓声を受けた三大陸飛行から既に７年が経過していました。その上、能登は強固な地盤を持つ保守政治家が強い力を持っていただけに、周囲からは「泡沫《ほうまつ》候補」に目されていました。選挙後、林は総辞職し、近衛文麿内閣が発足します。林の退陣で善作の飛行学校実現への足掛かりはついえてしまいます。

選挙に落ちた後、善作は東京で飛行機関連の部品を扱う「東商事」を設立し、寿々は伝書バトを扱う店を開きます。善作は東商事の売上で長野県に鉱山を買い、生活の足しにしていました。１９４５（昭和20）年４月の東京大空襲では家などが焼けたため鉱山のある長野県に疎開します。終戦は疎開先で迎えることになりました。

「ウランじいさん」で再脚光

善作は昭和20年代後半から「ウランじいさん」として再び時の人となります。日本で最初のウラン鉱脈を鳥取と岡山の県境近くにある人形峠《にんぎょうとうげ》周辺で発見したのです。善作はなぜウランに魅せられたのでしょうか。触発されたのは、米国で飛行家仲間だった旧友のジョー・ブロッサーがウラン鉱を見つけ、膨大な利益を上げていたことでした。１９５３（昭和28）年、雑誌にブロッサーの成功が紹介され、羨望《せんぼう》のまなざしを注ぎます。

ブロッサーは、善作夫婦が開いていたチャプスイ店「レッドウイング」を訪れたことがありました。雑誌には「ウラン」を必要とする原子力発電は新たなエネルギーになりうる。世界のために役立ちたい」と考え、最新のガイガーカウンターを駆使してウラン鉱を探し当てたとありました。

善作はブロッサーに手紙を書き、ウラン鉱を見つける方法を尋ねます。ブロッサーから届いた返事には、専用の機器であるガイガーカウンターを手に日本各地の山中を歩き回れば、ウラン鉱が見つかる可能性はあるとつづられていました。善作は最新の携帯型ガイガーカウンターを譲ってもらえないか交渉し、4台を手にしました。

1955(昭和30)年、善作は全国紙に「ウランじいさん」として紹介されます。米国製の最新ガイガーカウンターを使っていることが山師や地質調査の関係者の間で話題となり、記者が訪ねてきたのです。記事では米国のウラン王、ブロッサーと友人であること、純国産のウランを確保することでエネルギーの自給率を高めておく必要があるなどの狙いを語っています。記事には戦前には世界三大陸を飛行機で単独飛行したパイロットであることも紹介されました。

石からウランの反応があり、笑顔を見せる善作

鳥取の鉱石に反応

記事掲載後、善作のもとには日本各地から鉱石が届けられるようになります。大半が石ころでしたが、鳥取県倉吉市の山で拾ったという岩石にはガイガーカウンターが反応しま

した。

　善作はすぐに倉吉へ向かいます。ガイガーカウンターと、ほぼ全財産と言ってよいくらいの資金を持参し、倉吉市のほか、隣接する三朝町にある人形峠（鳥取、岡山県境）周辺にウランの鉱脈があることを確認します。

　善作は有り金をはたき、鉱脈がある山を買い求め、ウランの採掘権を取得します。地元の有力者に声を掛け、１９５７（昭和32）年にはウラン鉱業株式会社を設立します。

　一方、一歩先を越された国策会社「原子燃料公社」は同年、善作の会社

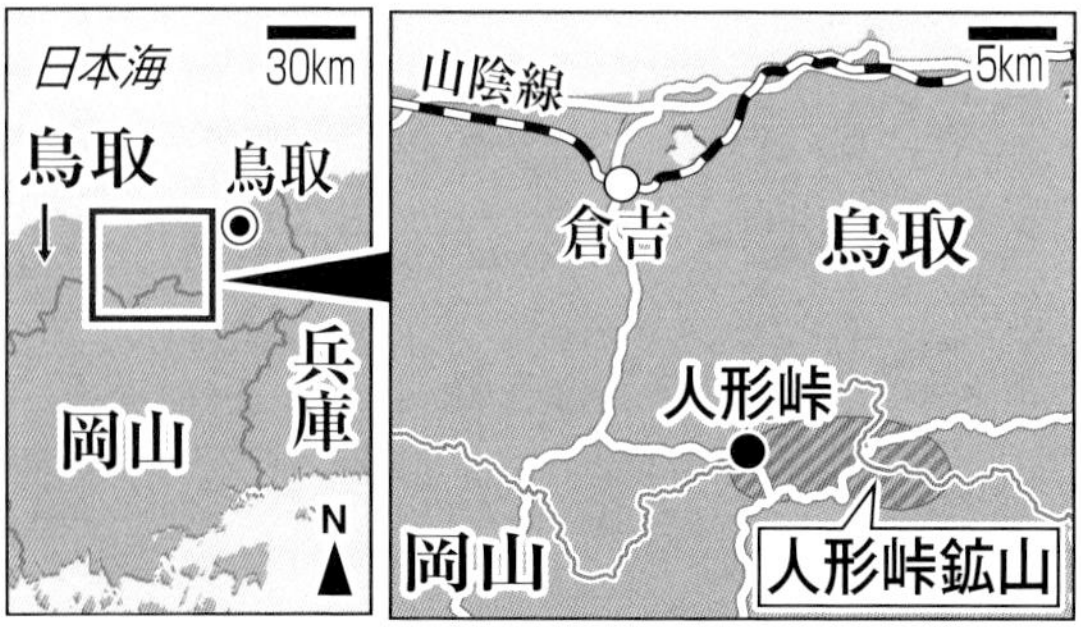

人形峠の地図

と採掘契約を結びます。公社がウランを掘れば掘るほど、善作らに利益が分配される仕組みができたのでした。「ウラン王」となった善作は、まさに時の人として注目されました。

海外産に太刀打ちできず

　もっとも、善作の思う通りに事は運びません。試掘は重ねられましたが、本格的に掘られることはなかったからです。低価格の海外産と比べ、コストが高く、太刀打ちできないのが理由でした。売り手市場から買い手市場に大きく変わったのです。「ウラン王」の名ははかなく消えてしまいました。

　この頃、善作を支えてきた寿々が体調を崩してしまいます。１９６３（昭和38）年３月のことでした。看病のかいなく、寿々は1年後、東京で亡くなりました。遺骨は善作がチャーターしたヘリコプターから、東京の上空でまかれました。

宝達山の金鉱再掘に挑む

もっとも、このまま終わる善作ではありませんでした。善作は故郷に程近い宝達山の金鉱脈の再開発に挑もうとしたのです。宝達山は安土桃山時代から江戸初期まで金が掘られていました。産出量が減ってきたことと、落盤事故があってからは放置されていたのです。

「事故があったから採掘しなかったからで、金の鉱脈はまだあるはずだ」。ハンマーとすり鉢、すりこぎを手に山に入ります。

善作が再開発をもくろんだ宝達山の金鉱跡=宝達志水町

とはいえ、宝達山でも思い描いた通りにはなりませんでした。鉱脈を確認することはできましたが、開発費用を確保できませんでした。有力者に出資を募る趣意書を作ってから、善作は体調の悪さを訴えるようになります。

73歳で生涯終える

善作は73歳を迎えた1966(昭和41)年10月、東京・神田和泉町の三井厚生病院(現三井記念病院)に入院します。長年の無理がたたったのでしょうか。衰えが目立つようになりました。診断の結果はがんでした。

1967(昭和42)年10月11日。善作は74歳で波乱の生涯を終えました。葬儀には土光《どこう》敏夫も駆け付けました。土光ほどの人物が善作と知り合いだったことを知る人はおらず、親族は驚きました。

善作に学んだまちづくり

東善作研究会事務局長
蔵《くら》谷《たに》清《きよ》元《もと》

◉〔発想〕アクロス高松の課題

旧高松町では１９９６（平成８）年、直径約50メートル、天井高約35メートルを誇る大型屋内体育施設（アクロス高松）の完成を控えていました。高松町は当時、施設の魅力を広く発信し、新たなにぎわい創出や活性化、町民融和をさらに進めるため、施設をスポーツ以外に活用することを課題の一つに掲げていました。１９９５（平成７）年夏、私は町子ども会の役員を務めていました。子ども会独自の行事を考えるうちに、アクロス高松の広い空間で紙飛行機大会を開催してはどうかと考えました。もちろん一番の目的は中沼出身の飛行家東善作の快挙を紹介することです。子ども会独自の行事にもなり、町内外からの多く

蔵谷清元　１９５４（昭和29）年、かほく市に生まれる。79年に高松町役場に入り、産業振興課長補佐、高松レストハウス取締役、かほく市都市建設課長を務め、２０１５（平成27）年に退職。同市高松。

の人の参加が期待できる上、何より子どもたちに大空への感動と夢を与えられるのではないかと考えました。

◉〔行動開始〕紙飛行機大会を企画

最初、周囲の関係者に紙飛行機大会ができないかと話をすると、折り紙飛行機を想像する人が多かったのが実情でした。「そんなもんじゃ、地域おこしにならん」。真剣に聞いてくれる人はあまりいませんでした。

子ども会を担当する町教育委員会の職員に相談すると、金沢高専の先生がペーパーグライダーを使って学生を指導していると聞きました。早速、私と職員の2人で先生を訪ね、紙飛行機の作り方や飛ばし方などのポイントを教えていただくことができました。「たかが紙飛行機、されど紙飛行機」です。シンプルな中に高度な知識と微妙な調整が必要であることを学び、まさしく「これだ」と確信しました。大会を行うことと、機種を規定する方針が決まりました。

◉〔仕掛ける〕「東京号」のレプリカ制作

まずは大会の予行演習です。アクロス高松での開催に先んじる形で1996（平成8）年2月、東善作記念第1回高松町ジュニア紙飛行機大会（北國新聞社後援)を企画しました。

大会には目玉が必要と考え、町役場の臨時職員の方に、善作が快挙を達成した複葉機「東京号」のレプリカを作れないか相談しました。廃棄される運命にあったベニヤ板などを使い、1カ月足らずで全長3メートル、全幅3メートルの大きさで、キャビンは幼児が乗れることができる「東京号」を完成させました。第1回紙飛行機大会会場の町勤労者体育センターのステージに展示し、北國新聞でも大きく紹介され、反響を呼びました。

◉大会開催へ奔走

大会の規程機種や競技内容は、町教育委員会の担当者に協力をお願いし、開催を告知するためのポスターも作りました。NHKや石川県内の民放各局、新聞社、航空会社の支店などへ、有給休暇を利用して東善作の功績を紹介すると同時に、大会当日の取材要請を兼ねてポスターを配布して回りました。金沢高専からは、学生の応援も頂くことができ、紙飛行機体験教室を担当してもらいました。

冬の寒い時期に開催したので、町食生活改善推進協議会の皆

アクロス高松で行われた雑炊のイベント

さんには豚汁の調理と配布の協力をお願いしました。豚汁は善作がアメリカ滞在時に「チャプスイ屋のオヤジ」と称したことをヒントにして、大会名物であるオリジナル雑炊の提供に発展しています。

準備を進めるうちに、中沼の了念寺の住職さんから「東善作のことを知りたければ、善作の甥《おい》に当たる髙橋亘一さんに聞きなさい」との助言を受け、訪ねてみることにしました。突然の訪問に髙橋さんはびっくりしていましたが、こちらの事情を聞くと半日にわたり、ゆかりの品を披露しながら善作の思い出話をしてくださいました。

髙橋さんは帰り際、ノンフィクション作家の鈴木明さんが書かれた「ある日本男児とアメリカ」を読むよう手渡されました。読み進むうちに世界三大陸単独横断飛行の陰に、さまざまな苦労や挑戦があったことに感動を覚えました。それ以来、この本は私のまちづくりのヒントとなるバイブルと言っても過言ではありません。その日から善作にのめり込んだのかもしれません。

英語の話せない善作がアメリカで重労働に耐え、パイロットの免許を取得し、中古の自家用機で日本へ帰ろうとする。失敗を恐れず、何事にも挑戦する志は今、我々が忘れかけていることかもしれません。彼の失敗を恐れず、何事にも挑戦する志は、私の公務員生活にも大いに役立ちました。

◉〔成果〕反響大の第1回大会

１９９７（平成9）年の第3回大会から大人の部を加えて石川県大会とし、規模が大きく成長しました。２０１７（平成29）年の第23回石川県紙ひこうき大会ｉｎかほく（北國新聞社共催）には２００人が出場しました。石川県内では輪島市から白山市、県外では富山、福井などから集まり、当日は保護者や観衆を含めると、３５０人を超す人々が来場しました。１９９６（平成8）年2月の第1回大会では、地元の子どもたちを中心に１００名あまりの参加だったのと比べ、規模は大きく成長しました。複数のテレビ局や新聞社が取材に訪れ、ニュース番組や翌日の朝刊で大きく報道されてもいます。

草創期の頃は航空3社（日本航空、全日空、日本エアシステム）の金沢支店を回り、主旨に理解を求めたところ、小松・東京間の往復航空券を提供してもらったことがありました。石川トヨタ自動車河北店、旅行会社の東日本ツーリストなどにも協賛していただきました。洋菓子店モンシェリーが手掛ける大会名物「飛行機パン」も準備するなど、とことん飛行機にこだわり続けてきました。

会長に就いた金津さん（左）を中心に善作の著作に目を通す研究会のメンバー＝かほく市内

◉〔継続の誓い〕東善作研究会が発足

第1回大会の反響を見て、もっと東善作を深く知りたいと考えました。また、大会を発展させながら続けていくために、1997（平成9）年に「東善作研究会」を発足させました。町子ども会役員OBの金津五雄さんに会長をお願いしました。

子ども会の合併後も、森寛氏から浜本博範会長、奥野清光副会長、桜井裕司事務局長、自ら全国大会にも参加し役員の山下篤志氏らに引き継がれています。

◉〔マネジメント〕オリジナルキット制作

研究会のメンバーは紙飛行機に興味を持つ方々を中心に募りました。旧高松町公共施設等管理公社に事務局次長として出向していた頃で、公社の自主事業としてアクロス高松で毎週、紙飛行機教室を開催しました。すると毎週のようにテレビ局が紙飛行機教室の取材に訪れ、美人レポーターさんが紙飛行機を作り、飛ばしていくことが続きました。

大会のオリジナルキットも生み出しました。公社が主体となり、子ども向けの科学雑誌の巻末で毎号掲載されていたペーパーグライダーの設計者、二宮康明先生に依頼、二宮先生のマネジャー役の荒木敏彦さんに担当してもらうことになりました。大会の趣旨に賛同し、破格で請負っていただきました。

◉〔理解者現れる〕心強い味方

第2版のオリジナルキット「東京号」は、研究会が主体となって作りました。募金活動や借入金で費用を捻出し、県内各地のイベントや公民館などへの出前教室などで活用するようになりました。

特にありがたかったのは、アクロス高松のイベントで出会ったアーク引越センター北陸の西野裕一社長でした。募金活動への協力を快く引き受け、芝寿司の梶谷晋弘社長も紹介してもらえ、オリジナルキットの制作にこぎ着けることができました。西野社長にはこれまで大会への協賛を20年来欠かさず支援いただいたことも、大会継続の励みになりました。心から感謝しています。

善作は飛行家でありながら、自らを「チャプスイ(雑炊)屋のオヤジ」と称したことをヒントに、雑炊による地域おこしを思いつき、高松地区の飲食店の皆さんに協力を呼び掛けました。当時の町商工会飲食部会長、川端精一さんには、私以上に善作のことを研究し、善作のオリジナルタペストリーや長さ約10メートル以上の年表などを作成しては提供してもらいました。

2004（平成16）年3月のかほく市誕生後も、かほく四季まつり「あったか雑炊・鍋まつり」は、市内外から多数の登録飲食店を訪れる冬の食イベントとして定着し、今も続いています。

当時、公務員の使命である「最小の費用で最大の効果を発揮する」を念頭に置きながら、自ら失敗を恐れず、何事にも挑戦してきました。これぞ善作の精神だと考えています。

◉〔全国展開〕日本紙飛行機協会の一員に

毎年11月の第1土、日曜に開催される、日本紙飛行機協会主催の全日本紙飛行機選手権大会は当初、大阪と東京で隔年の開催でした。主翼6メートルのジャンボ紙飛行機が80メートル以上を滑空したり、紙飛行機が約30メートルの上空で60秒を超えて旋回したりするなど、大人から子どもまでの愛好者が楽しめる奥の深い競技です。

旧高松町からは1997（平成9）年に行われた第3回から参加し始めました。かほく市の大会は全国大会の県予選会も兼ねています。全国の予選会では指折りの参加数を誇ることから特別ルールの適用を受け、子ども1人と大人2

小型紙飛行機で滞空時間を競う参加者＝2000年10月、高松町のアクロス高松

人の招待枠があり、代表者を毎年、全国大会に送っています。かほく市の大会レベルはまだまだ技術的には未熟ですが、2004(平成16)年には12回目を迎えた全国大会の誘致を果たしました。かほく市の合併記念事業に位置付け、旧河北台商業高校のグラウンドを舞台に全国の愛好家を迎えました。

当日は東善作とかほく市を発信する絶好の機会と捉え、日本紙飛行機協会の荒木事務局長と交渉の末、物販コーナーを設けました。紙飛行機のオリジナルキット「東京号」のほか、まつやの「とり野菜みそ」、ちょうど出荷時期を迎えていた特産品「紋《もん》平柿《べいがき》」、などの特産品を販売しました。現在でも全国大会へ参加する度に全国の愛好者や開催地の皆さんに「東善作&かほく市」の広報に努めています。

◉〔異色の存在〕役場の課題解決屋

本職の方とはいえば、行く先々で課題が待ち構えていました。2001(平成13)年春、高松町産業振興課に配属を受けて驚いたのは第三セクター「高松レストハウス」が11年連続で赤字を計上し、経営改善が求められていたことでした。未経験の業務で

石川県立看護大(左中央)を中心としたかほく市学園台。善作が生まれた中沼は左上の地区(2014年撮影)

したが、現場の店長さんらと改善策を話し合い、人件費を含む経費削減にもメスを入れ、新たな雇用体制にも取り組みました。この結果、初年度から単年度収支で黒字を達成し、以降５年連続で黒字化することができました。

２００７（平成19）年春には、かほく市都市建設課配属の辞令を受け、合併後の都市計画事業の見直しを含む業務が担当となりました。当時、石川県立看護大学*周辺の土地区画整理事業で、90区画余りに上る保留地の処分に苦戦していました。こちらも県内外の住宅メーカーがほとんど見向きをしない大変厳しい環境の中、現地案内所を設けました。家が建ち並ぶイメージを描き、あの手、この手の支援策を考えました。

モデルハウスを建てると１棟で２千万円以上がかかる現状を受け、住宅建築を考える若い世帯に１棟につき１００万円を支援すれば、内見会が20棟で開催できると考えました。建築支援金制度を始めたところ、保留地処分が進みました。市による若者マイホーム取得支援制度もスタートしました。２００９（平成21）年度、のと里山海道の無料化を見据え、県立看護大インターチェンジをどの方向からも乗り降りできるようにフルインター化するための予算をかほく市が計上したことにより、保留地の処分が更に加速し、６年半で90区画を完売するに至りました。

＊石川県立看護大学＝２０００年開学。看護学部（４年制）と大学院看護学研究科を置く。看護師を養成している。

紙ひこうき大会·inかほくを東善作の生誕地でもある県立看護大学グラウンドで開催するのはある面、一変した学園台の街並みを参加者に誇りたい気持ちからかもしれません。定年退職後、地元住宅メーカーのさくらに就職し、再生可能エネルギーの太陽光発電設備を中心に営業しています。２０１７(平成29)年2月、かほく市役所通りにかほくギャラリーを設け、営業を任されるようにもなりました。かほく市の大崎土地区画整理組合では事務局長として、保留地の処分に鋭意、取り組んでいます。

◉〈座右の銘〉独力を以て事を行う愉快なるかな

かほく市中沼の東善作を顕彰する石碑に「独力を以て 事を行う 愉快なるかな」と刻まれています。これは善作が好んでいた言葉です。私はこれまで挑戦を続けてきました。長年にわたり、活動を支えて頂いた方々との出会いが何かのきっかけで大きな力を生み、成果として現われた時、まさに善作が言わんとしていたことはこれだと感じています。

今後も東善作を顕彰するとともに、微力ながらかほく市の発信に努めてまいります。「独力を以て事を行う愉快なるかな」を座右の銘とし、地域が抱える課題解決に取り組み、貢献していきたいと考えています。

「独力を以て事を行う愉快なるかな」と刻まれた善作の顕彰碑＝かほく市中沼

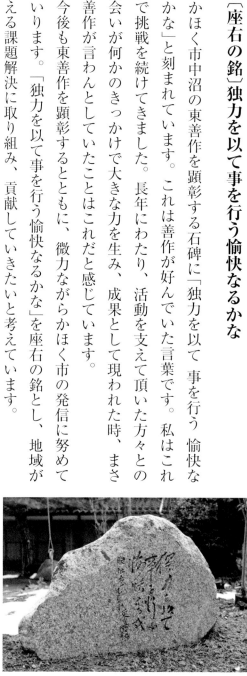

6 1967年～

情熱を受け継ぐ活動

紙ひこうきを飛ばす参加者＝2016年、かほく市の石川県立看護大グラウンド

かほく市中沼の生誕地に設置された善作の顕彰碑

生誕地には顕彰碑

善作の死去後は生誕地である高松町、少年期を過ごした羽咋市を中心に、功績が語り継がれています。特にかほく市では大西洋を飛行機で初めて横断したリンドバーグになぞらえ、善作を「日本のリンドバーグ」と称し、ふるさと教育などに取り上げてきました。

善作が生まれた高松町中沼では1973(昭和48)年、中沼老人会が主体となり、顕彰碑が作られ、生誕地に建つ石柱の傍らに置かれました。町内外の有志28人が善意を寄せ、中谷末宣高松町長が碑文を記しました。

航空プラザにコーナー

善作を顕彰するコーナー＝小松市の石川県立航空プラザ

善作があらためて注目されたのは1995(平成7)年のことです。小松空港近くにオープンした石川県立航空プラザに、善作を顕彰するコーナーが設けられました。業績を記したパネルや写真などを展示し、高松、羽咋以外ではあまり知られることがなかった姿に光が当たったからでした。

志継ぐ紙飛行機大会

高松町では1996(平成8)年から、善作の志を受け継ごうと、紙飛行機大会が開かれるようになりました。善作の冒険飛行は当時、一世を風靡《ふうび》しましたが、成功から60年以上が経過し、お膝元の高松町ですら偉業を知る人が減っていました。

「第1回東善作記念・高松町ジュニア紙飛行機大会」は2月24日、高松勤労者体育センターで行われました。子どもたち約50人が参加し、厚紙製のキットで紙飛行機を組み立て、滞空時間とデザインを競いました。子どもたちの歓声がこだましただけでなく、童心に帰ったかのように紙飛行機作りに熱中する大人の姿があちこちで見られました。

予想以上の盛り上がりに手応えを感じた主催者の高松町子ども会運営協議会は、翌97年2月の第2回大会では参加対象を一般にも広げたところ、第1回の3倍以上となる約160人が参加しました。大会で使う紙飛行機は小さいとはいえ、飛行する原理は本物の飛行機と同じです。機体の調整は難しく、子どもたちは失敗から学んで何度も工夫を重ねます。

大会は97年8月の第3回から開催時期が夏に変わり、近年は毎年6月に「石川県紙ひこうき大会:inかほく」と銘打って行われています。善作の愛機「東京号」をモデルにした紙飛行機のキットを組み立て、ゴムを動力にして空に放ちます。計3回飛ばして滞空時間の合計を競う部門と、段ボールなどで翼長1メートル以上の機体を作り、滞空時間と飛距離、デザインを争う「ジャンボ紙ひこうき部門」が繰り広げられています。

近年は２００人以上が参加するようになりました。キットの部門では1分近く飛ばす名人もおり、会場を盛り上げています。現在は全国を巡回して開催されている全日本紙飛行機選手権の石川県予選を兼ねるようになり、優勝者は全国大会に出場する権利が獲得できます。

雑炊まつりを開催

紙飛行機大会だけではなく、１９９９（平成11）年2月には高松町の飲食店が「雑炊キャンペーン」を初めて行いました。雑炊は寿々が米国で営んでいたチャプスイ店にちなんだものです。イクラを使って高松特産のブドウをイメージしたり、季節に応じた具を加えたバイキング風にしたりと、各店が創作を加えた一杯を用意しました。

これ以外にも焼き鳥を用いた雑炊、スッポンのスープと具を取り入れたスタミナ雑炊、エビとホタテの入った海鮮風雑炊、会席コースの中の一品で焼きおにぎりを用いた雑炊など、ユニークなメニューがそろいました。冬にうってつけとあって、各店には多くの来客があり、成功を収めています。

かほく市全体に広がり

高松町は２００４（平成16）年、七塚町、宇

善作の偉業をたたえて行われている「あったか雑炊・鍋まつり」＝かほく市浜北のやまじゅう

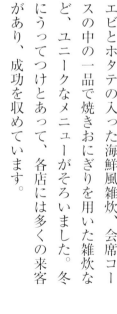

ノ気町と合併し、かほく市になりました。高松町紙ひこうき大会は「石川県紙ひこうき大会ｉｎかほく」となり、市全域の子どもたちがこぞって参加するようになりました。

雑炊キャンペーンも同様です。市などが開催している「かほく四季まつり」の冬イベントの一つに位置づけられました。イベントは「冬の味くらべーあったか雑炊・鍋まつり」と銘打ち、参加店舗は高松地区だけでなく、七塚地区、宇ノ気地区を含む市全域に広がりました。冬に熱々の雑炊と鍋料理を求める人が多く集い、市のにぎわいにつながっています。

東善作研究会は2011(平成23)年に発生した東日本大震災の時には義援金を募る活動を行いました。善作が30歳だった1923(大正12)年に関東大震災が発生したことを知ると、機体に「HELP　JAPAN」と記した自分の小型機を操り、ロサンゼルス市の上空から義援金に協力を求めるビラをまき、市民から善意を集めたことにちなみました。

「レッツ・ビギン」の精神で

スケールの大きさはもちろん、時代の先を読む大胆な行動を続けた善作。「夢追い人」のロマンがいつまでも伝えられています。「レッツ・ビギン(さあ、始めよう)」が口癖だった善作。

スケールの大きさはもとより、夢の実現のためには躊躇《ちゅうちょ》なく、あらゆることに挑戦しました。そんな夢追い人の行動力は、没後半世紀を過ぎても色あせることはなく、多くの人に何事にも挑戦する大切さを説いています。もし、善作が今の時代に生きていたならば。むしろピンチをチャンスにし、大胆かつ緻密《ちみつ》な戦略で現状を打開していく姿が想像されてなりません。

寄稿 3

東善作研究会の発足

東善作研究会長
金《かな》津《つ》五《いつ》雄《お》

◉紙ひこうき大会がきっかけ

東善作研究会が発足したきっかけは1995(平成7)年、当時の高松町子ども会運営協議会の役員会の席上、副会長を務めていた蔵谷清元さんが紙飛行機大会の開催を提案したことでした。高松町中沼の出身である飛行家東善作を紹介するとともに、彼の偉業をたたえるのが目的でした。さらには東善作が時代とともに忘れ去られようとする現在、彼にスポットを当てると同時に、紙飛行機を通じて子どもたちに大きな夢と希望を持ち続ける大切さを訴え、合わせて地域の活性化に寄与するものであるとの趣旨だったと記憶しています。

それまで私自身、東善作のことは全く知りませんでした。この片田舎に素晴

金津五雄　1961(昭和36)年石川県工高卒後、金沢市の加賀友禅作家金丸充夫氏に師事。75年に独立。96年東善作研究会を設立し、会長。かほく市文化財保護審議委員、同市公平委員。植物観察も趣味で、石川県自然解説員研究会長も務めた。同市高松。

らしい人物がいたことに驚かされました。東善作が世界三大陸を単独で横断飛行したことを報じた新聞記事のコピーを知人から頂いたことで、彼の人物なりをあらためて見直しました。そこで1996(平成8)年2月、第1回石川県紙ひこうき大会を高松町勤労者体育センターで行い、さらには翌年2月に第2回大会を高松町の多目的施設アクロス高松で開催しました。大会の運営を確かなものにするために「東善作研究会」を結成し、規約および運営するための役員を定め、私が会長となりました。以来、継続して今日まで携わっています。

◉次男の紙飛行機作り手伝う

一般的に紙飛行機といえば、折り紙を使ったものを思い浮かべることと思います。私の次男が小学4年生の時、夏休みの自由研究で紙飛行機の課題を提出することになり、手伝ったことがありました。その時も折り紙で作る紙飛行機を作るのだと思っていましたが、次男が言うには画用紙を貼り合わせて作る飛行機とのことでした。私は秋祭りの夜店で求めた厚紙を切り抜き、組み立てるものと同じと察しました。

やってみると、画用紙を貼り合わせるだけでも難しいものでした。工作糊《のり》や

大会で使う紙飛行機を組み立てる著者(左)

接着剤を使うと、乾くにつれて波が打つようになり、平らにはなりません。そこで、私が高校時代に使っていた厚手のケント紙の活用を思い出し、作ってみました。文具店からはセルローズ系の接着剤を薦められました。これは揮発性でにおいはきついですが、速乾性があり、重宝しました。金沢の書店で参考のために「切りぬく紙飛行機集・二宮康明著」を1冊買い求めました。

あくまで自由研究ですから、主翼の長さや幅、尾翼の大きさなどに変化をつけ、５機ずつ同じものを組み合わせ、全部で３００機余りを親子で作りました。ただ、実際に飛ばす段階になり、屋外では風の変化が影響しやすく、記録のばらつきが多いので、学校にお願いして体育館を使わせて頂くことにしました。

◉真夏の体育館で飛ばす

風の影響を防ぐために出入り口を閉じたところ、真夏の暑さで大変な作業となりました。主翼や尾翼（水平尾翼のみ）の大きさなどをグループ分けし、輪ゴムで作ったカタパルトを使い、それぞれ5回ずつの滞空時間と飛び方のイラストを記録しました。ただし、条件の設定が不備だったため、記録には不正確な部分が多く残りました。紙飛行機を発進するとき

「紙ひこうき大会」ののぼり旗を設置する著者（左）

にゴムのカタパルトを使いますが、手で引っ張って飛ばしたことが失敗でした。実験は同じ条件で繰り返すことが大切であり、データにばらつきが起こる原因となります。このためにはゴムカタパルトの発射台を作る必要があったわけです。

◉善作と二宮康明先生

その時の親子の経験が、私の紙飛行機に対する興味が深まり、現在に至っているわけです。東善作と二宮康明先生には多少の共通点があります。それは、他人のやっていないことを積極的に創造性豊かに取り組み、努力と勤勉を併せ持って、常に回りの人々のために何かをしようとする心構えなどです。

東善作は、日本の飛行機が欧米に遅れを取った時代に、果敢に言葉もままならないアメリカに身を投じて飛行機パイロットのライセンスを取得しています。日本でも飛行学校の設立に奔走していますが、世界第二次大戦後、東善作は、飛行家の目で(実は飛行機は持てなかった)天然資源を求めて日本各地を訪ねており、ついには鳥取県の人形峠でウラン鉱の発見をしています。これは資源の乏しい日本のためと考えて行動したようです。

二宮先生はマイクロウエーブを研究していた工学博士ですが、1967(昭和42）年に米国サンフランシスコで行われた世界で初めての国際紙飛行機大会で世界チャンピオンとなり、１９７０（昭和45）年には米国コロンバスで行われた紙飛行機大会でも、オリジナリティ賞を受けています。以来、科学雑誌に子ども向けの切り抜き紙飛行機の型紙の掲載を長年続けていました。将来のある子どもたちへの科学の目を養う目的であった、と考えています。

戦後の日本は技術立国として世界に名をはせましたが、それまでは先進国の技術の取り込みに工夫や改良を加えての躍進であったようです。しかし、その後、他国の追い上げもあって一時は苦境に立たされることもありました。そのためには、これからの日本では独自のものを開発し、発展させることが今後につながる道として、子どもたちの科学の目を育む必要があると思います。

特許権や著作権といった知的権利は、通常の相互経済圏ならば理解も深いのですが、それ以外の国ではあまり権利保護の対象として機能していません。中には経済大国として名乗りを上げているにも関わらず、国民単位では認識不足なのか、利権の争いが絶えません。

◉素晴らしい「紙ワザ（神業）」

かつて全日本紙飛行機大会では、自由機種部門として各人が作ったオリジナルの紙飛行機のデザインと飛行性能を試す競技がありました。よく、デザインと言うと模様や色彩を施したものを思い浮かべがちですが、形状や性能のことも併せて表現することが本来の目的です。

全国から集まった紙飛行機名人がアイデアを詰め込んだオリジナル紙飛行機を見るにつれ、素晴らしい紙ワザ（神業）に感心するばかりでした。

ジャンボ飛行機では、東京都の小松原篤さんが主翼の長さが5メートル以上もある巨大な紙飛行機を飛ばしており、その存在は圧巻でした。彼のジャンボ紙飛行機の主翼の構造は、全て厚紙を貼り合わせて作った障子のような骨組みに薄紙が貼ってありました。緻密な作りは間近にみても感心するばかりでした。何より巨大な紙飛行機を小柄な小松さんが投げ、しかも40メートル以上も飛ばしたことで会場の人々をあっと驚かせました。

後日、小松原さんから設計図を頂き、研究会の仲間たちとジャンボ飛行機を作ってみました。ところが、図面通りに厚紙に写し取ったものをそれぞれの部品を手分けして作りましたが、主翼の左右がわずかに正確な対称形になりませんでした。接着剤の水性ボンドが紙の乾燥する間に誤差が生じたためです。天

高松野球場で行われた大会で登場したジャンボ紙飛行機

候や室温などは常時変化するわけで、左右の主翼の作業は同時進行とすることが必要だったようです。

飛行機は大きくなればなるほど機体は重量を増し、飛行性能に悪影響を与えます。当然、飛行機は軽くて丈夫でなければならないのですが、紙飛行機は材料の全てが紙という制約があり、強度と湿度に弱い紙の性質の限界への挑戦でもあります。強度を高めるために補強をすれば重くなり、軽量化は困難になります。

研究会は石川県紙飛ひこうき大会の開催だけではなく、日本紙飛行機大会への参加、石川県内の保育所、児童館、小学校への出前教室を行っています。遠くは埼玉県春日部市の小学校にも、かほく市出身の方のご縁で2度ほど出前教室で訪問しました。保育所の場合は二宮先生のキットでお父さんが紙飛行機を作り、お子さんとペアになって飛ばしました。いずれも子どもたちの歓声が上がり、喜ばれてはいましたが、その後の子どもたちにはどのような変化があったのでしょうか。

これからの東善作研究会のあり方としては、二宮先生のキットとともにオリジナルの紙飛行機作りも併せて取り組む必要があると考えています。小さな紙飛行機であっても、子どもたちに科学の目を養う機会になればと思っています。

出前講座で紙飛行機に親しむ子どもたち＝かほく市遠塚公民館

東善作年表

西暦	和暦	満年齢	東善作の動き	日本史・世界史関係事項
1893	明治26	0	9月25日、羽咋郡南大海村中沼（現かほく市中沼）に生まれる	島崎藤村が「文学界」を発刊。御木本幸吉が真珠の養殖に成功
1900	明治33	7	4月、羽咋郡一ノ宮村（現羽咋市一ノ宮町）の一ノ宮尋常小学校に入学	パリ万国博覧会開催、立憲政友会が結党
1904	明治37	11	3月、一ノ宮尋常小学校を卒業。4月、羽咋高等小学校に入学	日露戦争が勃発
1908	明治41	15	3月、羽咋高等小学校を卒業。4月、羽咋高等小学校補習科へ入学	米ゼネラルモーターズ（GM）創業
1909	明治42	16	8月、羽咋高等小学校補習科を退学、一ノ宮村役場給仕に	伊藤博文が暗殺される
1910	明治43	17	3月、一ノ宮村役場を退職、朝鮮・馬山へ渡り、酒販店などで働く	日本が韓国を併合する
1911	明治44	18	進学を志し、朝鮮から一ノ宮へ引き揚げる	日本が関税自主権を回復
1912	明治45 大正元	19	京都中学校に編入、新聞配達やそばの出前持ちで学費稼ぐ	中国の清王朝滅ぶ
1913	大正2	20	岡山の関西中学校に編入、人力車の車夫に。同級生の1人は土光敏夫（後の経団連会長）	米国カリフォルニア州議会が排日土地法を制定、市民権を持たない日系1世は土地所有が不可能に
1915	大正4	22	3月、関西中学校を卒業。4月、慶應義塾大への進学を目指し、金沢で人力車夫をしながら学費をためる	第1回全国中等学校優勝野球大会（後の全国高校野球選手権）が開幕
1916	大正5	23	5月、北陸新聞社（現北國新聞社）に入る。野村練兵場でアート・スミスの曲芸飛行を取材。10月、飛行家を目指して退社、渡米する。オークランドのデュランド飛行学校に入学	米ボーイング社が創業
1917	大正6	24	第1次世界大戦でデュランド飛行学校が閉鎖。農場で働きながら再開を待つ	ロシア革命が起きる
1918	大正7	25	4月、米国陸軍航空隊に志願兵として入隊。サンフランシスコでの訓練を経て、陸軍セントポール飛行学校の練習生に	米騒動起きる

1919	大正8	26	4月、米国陸軍航空隊を除隊。再開されたデュランド飛行学校に再入学	第1次世界大戦の終結に関するパリ講和会議開催
1920	大正9	27	9月、デュランド飛行学校を卒業、クラーク水上飛行学校の助手に	箱根駅伝が始まる
1921	大正10	28	10月、ロサンゼルスのクーパー高等飛行学校に入り、生涯唯一の墜落事故。同校で国際高等ライセンスを取得。日本人対象の飛行学校創設を計画	首相の原敬が暗殺される
1923	大正12	30	寿々と出会う。9月、関東大震災で被災した日本に義援金を募るため、ロサンゼルス上空でビラをまく。寿々とパサデナでチャプスイ店を経営。遊覧飛行業を開始	関東大震災が発生
1929	昭和4	36	7月、世界三大陸の横断飛行に挑んだ大分出身の後藤正志が出発3日後に墜落死	首相官邸（現首相公邸）が完工する
1930	昭和5	37	4月、世界三大陸横断飛行を自費で実行すると発表。6月22日、ロサンゼルスを出発、8月31日、東京・立川飛行場に着陸	ロンドンで海軍軍縮会議、日本で統帥権干犯として問題に
1934	昭和9	41	米国から引き揚げ、東京で林銑十郎らに航空学校設立を働き掛ける	南満州鉄道が大連・新京間に特急「あじあ」を運転開始
1937	昭和12	44	4月、衆院選に石川2区から立候補するも落選。東京で飛行機関連の部品を扱う東商事を営む。鉱山なども取得	金沢出身の林銑十郎が首相に
1945	昭和20	52	4月、東京大空襲で長野に疎開。終戦後、連合国軍総司令部（GHQ）向けの商売で生計立てる	第2次世界大戦が終結
1953	昭和28	60	米国の飛行機仲間だったブロッサーの助言でウラン鉱探しを開始	NHKが関東でテレビ放送開始
1955	昭和30	62	3月、鳥取、岡山県境の人形峠周辺でウラン鉱を発見	左右社会党の統一、自民党の結成で55年体制に
1957	昭和32	64	10月、ウラン鉱業株式会社を設立、取締役に	岸信介内閣が発足
1964	昭和39	71	寿々が死去、遺骨は東京上空でまかれる	東京五輪が開催
1966	昭和41	73	10月、がんを発病し、東京の病院に入院	成田空港建設を巡る三里塚闘争始まる
1967	昭和42	74	10月11日に死去。遺骨の一部は一ノ宮海岸でまかれる	富山県がイタイイタイ病の患者認定

―― 東善作のふるさと ――

かほく市

かほくの見どころ

喜多家しだれ桜（かほく市指定天然記念物）

かほく市 上山田

高さ13メートルの樹上から滝のように咲きます。1895（明治28）年、兼六園の種を持ち帰って植えたとされています。見頃は4月上旬です。

道の駅高松（夕陽カフェ）

かほく市 二ツ屋

東善作も眺めた日本海に沈む美しい夕陽は、かほく市を訪れたならば一度は目にしたい感動の風景です。カフェ、足湯、芝生、砂浜など思い思いの場所から眺めることができます。オリジナルブレンドコーヒーやスイーツもあり、特別な時間を演出してくれます。

東善作生誕地

かほく市 中沼

かほく市中沼の生誕地に建っています。碑には「米欧亜三大陸横断飛行士東善作氏誕生之地」と刻まれ、快挙を後世に伝えています。当初は木製でしたが、石碑に取って代わりました。地域住民や関係者の手で大切に守られています。

西田幾多郎記念哲学館

かほく市 内日角《うちひすみ》

かほく市出身の哲学者西田幾多郎の業績やゆかりの品を紹介し、哲学を分かりやすく学べる施設です。設計したのは建築家安藤忠雄氏で、コンクリート打ちっ放しのデザインが建築ファンを魅了します。敷地内には、西田幾多郎が執筆活動を行った書斎「骨清窟《こつせいくつ》」もあります。2017年からはライトアップが始まり、照明デザイナー戸恒浩人《とつねひろひと》氏がデザインした温かな光を訪れた人をやさしく包み込みます。

うみっこらんど七塚 海と渚《なぎさ》の博物館

かほく市 白尾

古い漁師の生活道具や漁具を展示し、貝がらアート作りが体験できます。バーベキュー施設、キャンプ場も併設しています。

七塚中央公園

かほく市 遠塚

日本海を望む高台にあり、敷地面積5・6ヘクタールの大きさを誇ります。大型遊具を備え、7つの砦《とりで》からなる「海底未来都市」をイメージしています。巨大なトランポリン、石川県内最長を誇る長さ83メートルのローラー滑り台は子どもたちの人気の的で、せせらぎや噴水、海岸を眺められる展望台なども設置されています。

かほく四季まつり

（北國新聞社特別協力）

かほく市では四季を通じて様々なまつり、イベントが行われています。

春

桜まつり【4月上旬】

高松の額神社周辺を主会場に、春を彩る桜の下で行われます。桜並木が自慢の会場では民謡、園児の遊戯などの催しが繰り広げられます。

夏

サマーフェスタinかほく【7月下旬か8月初旬】

四季まつりで一番大きなイベントです。ビーチ会場（七塚海岸）では地引き網体験、リバー会場（夏栗の大海川河川敷）ではアユのつかみ取り体験、キャッツ会場（市役所前）では猫に仮装してダンスを披露する「猫にゃんグランプリ」、花火大会など盛りだくさんの内容となっています。

秋

かに×カニ合戦〜海の幸・山の幸まつり〜【11月中旬】

漁港がないかほく市ですが、カニの取扱量が県内随一を誇る「カニのまち」です。解禁間もない加能カニをはじめとする海、山の特産物を集め、秋の豊かさを味わうことができるイベントです。

冬

東善作を顕彰

冬の味くらべ
〜あったか雑炊・鍋まつり〜
【1月中旬から2月中旬】

東善作を顕彰するため、善作が米国で開いていたチャプスイ（中国風雑炊）店に端を発し、市内の各飲食店で自慢の雑炊や鍋料理の食べ比べを楽しめるイベントを行っています。

問い合わせ
かほく市産業振興課　076(283)7105　　かほく市商工会　076(282)5661
ホームページ　http://www.city.kahoku.ishikawa.jp

かほく市は2004（平成16）年3月、高松、七塚、宇ノ気の3町が合併して誕生しました。石川県のほぼ中央、金沢市の約20～25キロ圏内に位置し、西に日本海を望み、西から東へは海岸砂丘地、丘陵地を経て山地へと続いています。

国指定史跡の「上山《かみやま》田《だ》貝塚《かいづか》」、県指定史跡である「大海《おおみ》西山遺跡」をはじめとする旧跡や、医療や福祉の専門家を養成する石川県看護大学、県内随一の人気を博す七塚中央公園などの施設が市内に点在しています。ゆかりの人物としては東善作のほか、世界的哲学者西田幾多郎の出生地でもあります。

人口は約3万5千人を数えます。大手出版社が791市と東京23区を対象に調査、公表している「住みよさランキング2017」では全国4位（前年7位）となり、住み良さ、暮らしやすさが高く評価されています。

かほく市マスコットキャラクター
「にゃんたろう」

屋上展望デッキ 入場無料

自衛隊機の離発着風景等、他の空港では見学できない屋上空間が楽しめます。屋上の一部をウッドデッキ化、フェンスのワイヤー化、子供が遊べるキッズコーナーを新設。

スカイラウンジ白山 2階

待ち時間に仕事ができるようにビジネスコーナー（パソコン専用デスク）を充実しました。面積拡充、採光、トイレ、携帯ブースを新設。FAX・メールプリント・コピーサービス（有料）

キッズコーナー 3階

小さなお子様が遊べるキッズコーナーも新設しました。

売店 1階

飲料、軽食、スナック菓子などが豊富です。

売店 2階

北陸を代表する逸品を取り揃えています。

商工会は行きます
聞きます
提案します

かほく市商工会

〒929−1215　かほく市高松ク42番地1
TEL（076）282−5661
FAX（076）282−5663

東善作の偉業を後世へ

魚料理・民宿

やまじゅう

新鮮な四季の味覚をたっぷり！

ご法事

大宴会場「海宝」

80名様までOK

和室でイス席

送迎バス
有ります

魚料理・民宿やまじゅう

〒929−1174　かほく市浜北ハ20−1
営業／11：30〜14：00（ラストオーダー）
　　　17：00〜21：30（ラストオーダー）
座席／80名様まで
宴会／2〜120名様　個室25室有り
宿泊／80名様まで
休日／不定休（月1回程度）
駐車場／100台

☎076-283-3455　http://yama-10.com/

ホチキス・ペグ東京号 (N−2230)

「ホチキス･ペグ」とは、接着剤を使わず、
ホチキスで組み立てる紙飛行機（ペーパーグライダー）のことです。
作り方はとても簡単で、組み立てたらすぐに飛ばせます。
広場や公園に出かけて、青空に飛ばしてみませんか。

設計
二宮康明
日本紙飛行機協会長･工学博士

デザイン
金津五雄
東善作研究会長

飛ばし方

フックにゴムを掛けて飛ばすと、勢いが出る。もちろん手投げでも良い。

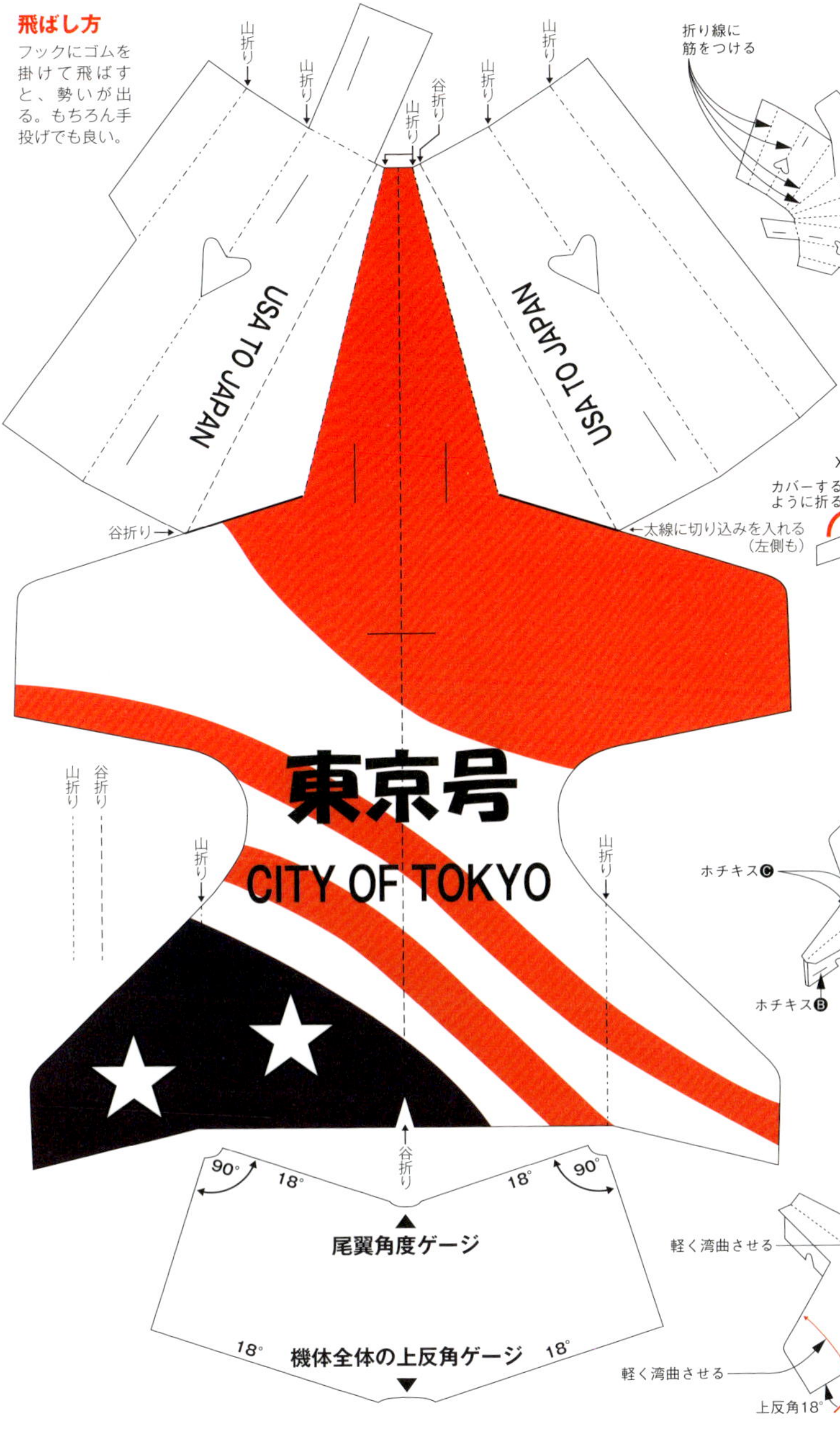

作り方

1 型紙を切り抜く。

2 折り紙に定規を当て、千枚通しなど先のとがった道具で筋を付ける。

3 折り線の山折り、谷折りに従って折る。機首の左右のフック（ハート形の部分）を切り抜く。

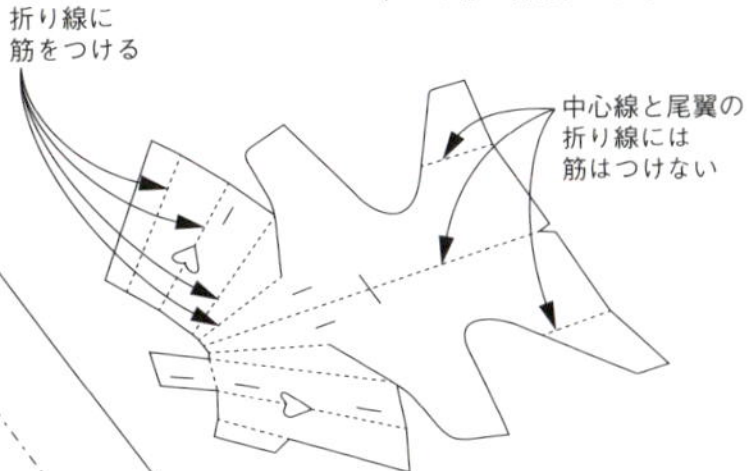

4 機首の左右をX－Y断面のように折り込む。

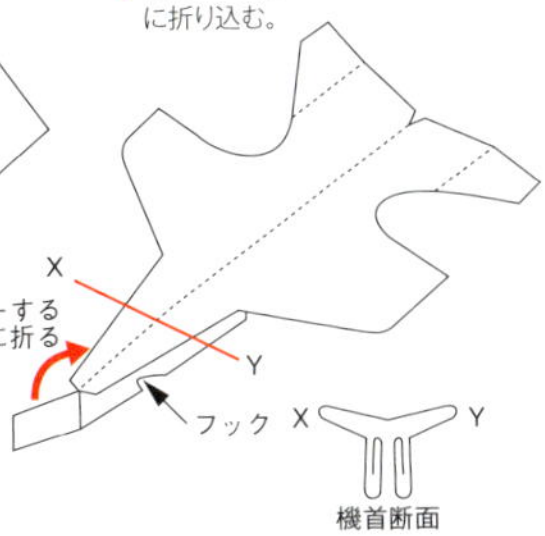

5 機首下の後部をホチキスでとめ（Ⓐ）、針の上にセロハンテープを貼る（けが防止のため）。

6 機首前部に突き出た部分を、機首を覆うように折り、ホチキスでとめる（Ⓑ）。

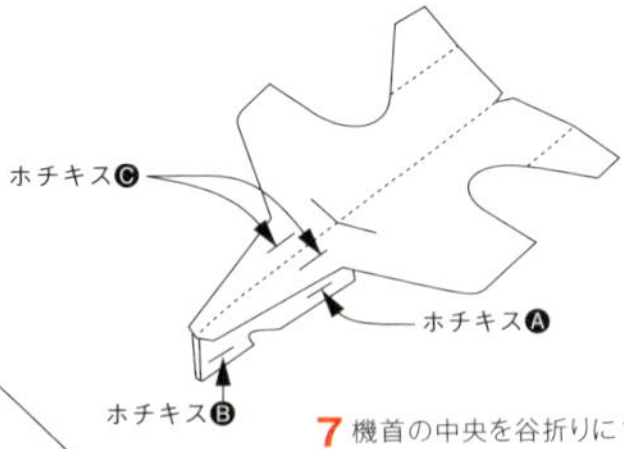

7 機首の中央を谷折りに18度に折り、主翼を軽く湾曲させる。

8 主翼上面の2カ所をホチキスでとめる（Ⓒ）。

9 尾翼の両端を山折りに90度に折り、折り曲げ線の表裏に接着剤を薄く塗って、角度を固定する。

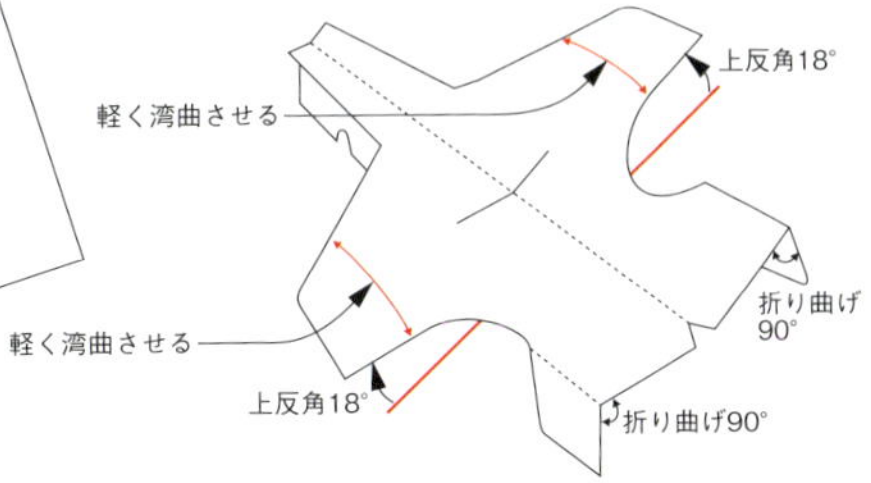

キリトリ線

東善作研究会協力

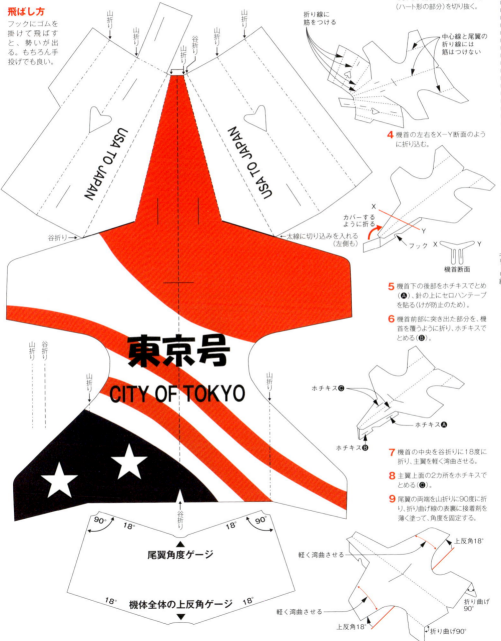

【協力いただいた皆さん】（順不同）

かほく市
かほく市教育委員会
石川県立航空プラザ
一般財団法人日本航空協会
北陸エアターミナルビル
ＰＦＵ
アーク引越センター北陸
やまじゅう
旭電機設備工業
東善作研究会
髙橋亘一氏
今井仁子氏
金津五雄氏
蔵谷清元氏

【参考文献】

鈴木明著『ある日本男児とアメリカ　東善作、明治二十六年生《うま》れの挑戦』（１９８２年）
日本経済新聞社『私の履歴書　土光敏夫』（１９８３年）
平木國夫著『日本ヒコーキ物語　北陸信越編』（１９８０年）
平木國夫著『飛行家東善作覚え書』（２００７年）
財団法人日本航空協会『日本民間航空史話』（１９６６年）
かほく市『かほく市制10周年記念誌　住みよいまちへ』（２０１５年）
北國新聞
北陸毎日新聞

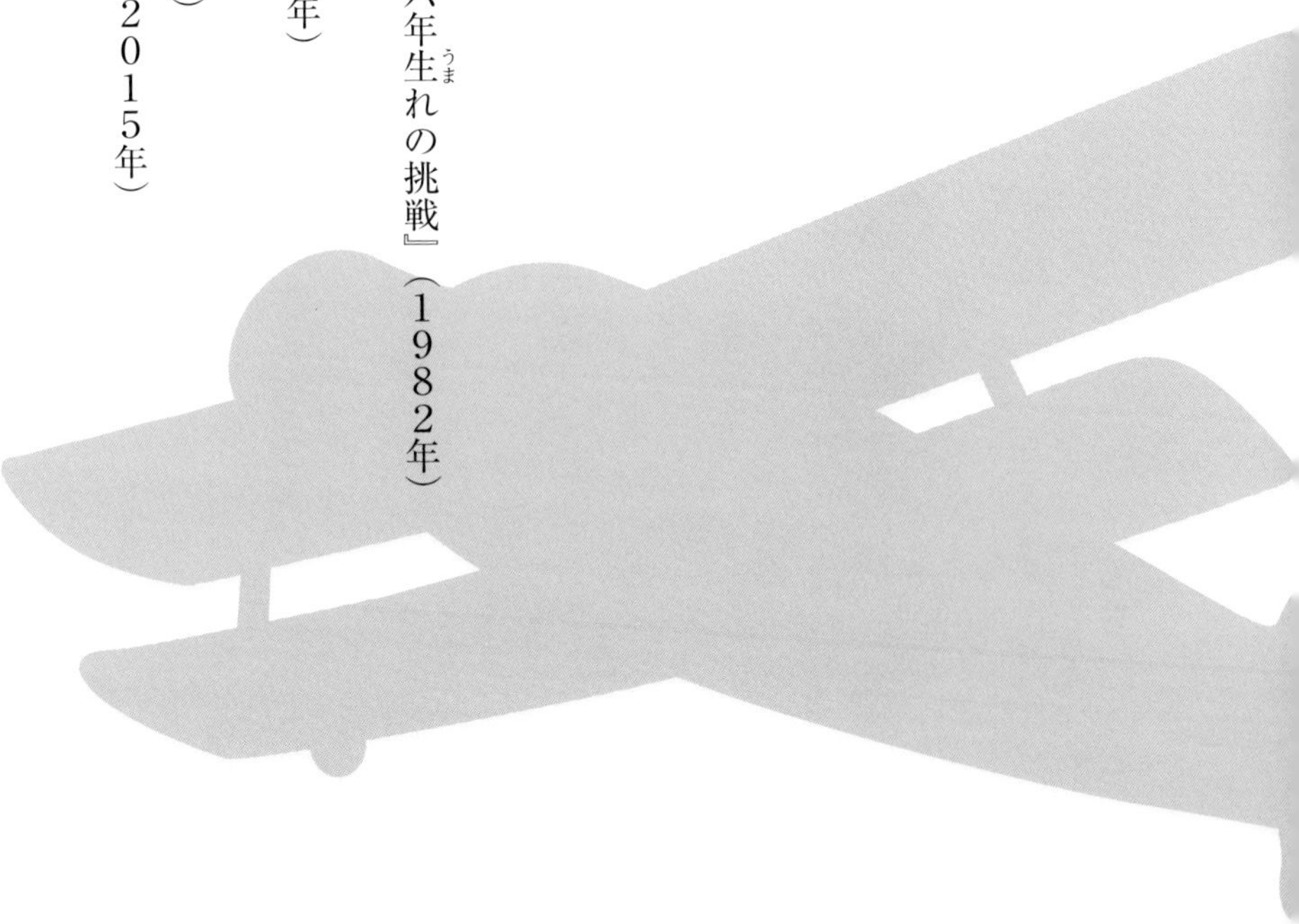

回想《かいそう》の東善作《あずまぜんさく》

発行日　2018（平成30）年3月31日　第1版第1刷

編　者　北國新聞社出版局

発　行　北國新聞社

〒920−8588

石川県金沢市南町2番1号

TEL 076−260−3587（出版局）

FAX 076−260−3423

電子メール syuppan@hokkoku.co.jp

ISBN978-4-8330-2133-3 C0023